IMPRIMATUR

Hic Liber cui Titulus, La Doctrine de Rome, &c. Car. Trumbull, R^{mo} in Christo P. & D^{no} D. Gul. Cant. à Sac. Dom.

LES PRINCIPES ET LA DOCTRINE DE ROME

Sur le Sujet de

L'EXCOMMUNICATION

Et de la

DEPOSITION DES ROYS.

OU

Traitté dans lequel on fait voir

1. Que l'Eglise de *Rome* enseigne Que le Pape peut Excommunier & Deposer les Roys, donner leurs Royaumes à d'autres, & absoudre leurs Sujets du Serment de Fidelité; & 2. Que cette Doctrine est tout à fait pernicieuse, contraire aux Droits & aux Privileges des Roys, & sur tout aux Roys Protestans, & incompatible avec la fidelité qui leur est dëue, & que les Loix Divines & Humaines ordonnent aux Sujets de leur garder.

Traduit de l'Anglois de
Monseigneur l'Evesque de *LINCOLN.*

Sortés de Babylon mon Peuple, de peur qu'en participant à ses Pechés vous ne participiés à ses playes. Apoc. 18. 4. Jer. 15. 6.

A LONDRES, Chez *Benjamin Tooke* au Navire dans le Cimetiere de St. *Paul,* MDCLXXIX.

A
MONSEIGNEUR
Le COMTE De
BRIDGEWATER,

Vicomte de *Brackley,* Baron d'*Elſemere,*
Gouverneur du Comté de *Bucks,* & l'un
des Seigneurs du Conſeil Privé de la
Majeſté.

MONSEIGNEUR,

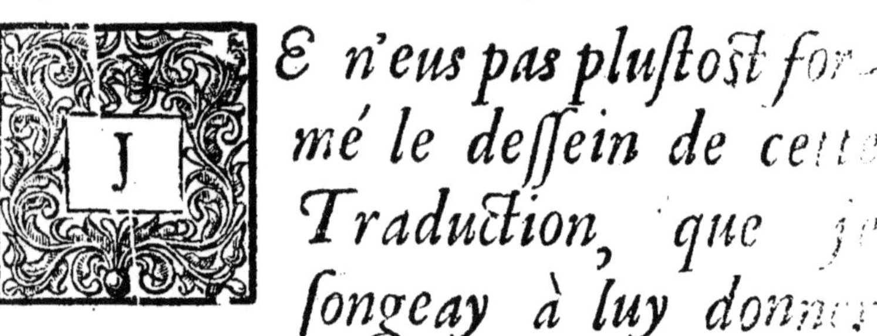

E n'eus pas pluſtoſt for-
mé le deſſein de cette
Traduction, que je
ſongeay à luy donner
un Protecteur. Cependant les diffi-
cultés qui s'y rencontrerent furent
ſi conſiderables qu'il me fallut du
temps pour les ſurmonter. Des
ſentimens de recognoiſſance me di-

A 3

ſoient

soient que je ne pouvois me dispenser de Vous dedier cet ouvrage:
Mais un respect timide combattoit
les raisons qui m'en avoient inspi-
ré la pensée, & auroit sans doute
rompu mon dessein, si la considera-
tion des grandes qualités que vous
possedez n'estoit venue se joindre
à mes premiers mouvemens, & me
faire cognoistre, que je ne pouvois
jamais faire un Choix plus advan-
tageux; mais quelques justes que me
parussent ces raisons, elles estoient
combattues par des reflexions em-
barassantes; enfin quoy que tous
ces obstacles m'ayent semblé puissans, estant persuadé, MONSEIG-
NEUR, de la bonté que vous
avés pour moy, je les franchiray
aisément; esperant que ce
pre-

present, quelque leger qu'il puisse estre, ne Vous deplaira pas.

J'ose pourtant Vous dire MONSEIGNEUR, que s'il est leger à l'egard de ce que j'y puis pretendre ; il est tout à fait digne de Vostre Protection, si l'on le considere en luy mesme : Et que ce ne sera pas abuser de Vostre nom, que de le mettre à la teste de ce Livre.

Il s'agit icy, MONSEIGNEUR, de ce que vous avés de plus Cher au Monde ; des Interests les plus Essentiels de Vostre Patrie ; de la Conservation de la Personne Sacrée de Sa Majesté, & de la Religion de JESUS CHRIST. Les Doctrines pernicieuses de Rome entreprennent & la Reli-

A 4

gion

ligion & l'Estat & la personne du
Roy : & le Zele que vous avés
tousjours temoigné pour le Culte de
Dieu, pour le Service de Sa Majesté, & pour les interests de l'E-
stat, me persuade que vous embras-
serés avec joye les occasions de le
faire eclater.

En Voicy peut estre une des
plus belles qui se puissent jamais rencontrer. Le dessein de cet
Ouvrage est de tacher de Convaincre les Papistes, c'est deja un principe de Charité : Il est de plus
question d'asseurer la personne du
Roy contre des conspirations aussi
frequentes qu'execrables ; & icy,
Monseigneur, vous trouvés les
moyens de paroitre non seulement
un sujet fidele & zelé, mais un
Homme

Homme d'Eſtat egalement prudent & éclairé. Il s'agit de plus de deffendre & de ſoutenir la Religion Proteſtante ; c'eſt à dire que Vous avés icy l'occaſion d'expoſer aux yeux de tout le Monde cette Pieté dont vous avés tousjours fait une Profeſſion particuliere, & que je puis appeller Voſtre Vertu dominante.

Ces raiſons ſont trop puiſſantes, MONSEIGNEUR, pour ne Vous pas engager à Vous declarer le Protecteur d'un Ouvrage que je ne publie en une nouvelle Langue que dans ces veües. Quelque excellent que ſoit l'original, il n'auroit jamais eü un ſuccés qui fuſt proportionné au merite de l'Illuſtre Evêque qui en eſt l'Autheur, ou

qui

qui repondiſt à l'Attente des veritables Proteſtans, s'il eſtoit tousjours demeuré renfermé dans l'-
Angleterre. Il y a à preſent peu de
perſonnes abuſées en ce pais, & la
plus grande partie de l'Europe eſt
dans un Aveuglement funeſte ſur
ce ſujet. Il eſtoit donc neceſſaire de
leur faire entendre cette voix qui
eſt venüe pour les inſtruire : &
comme il y a peu de Langues qui
ſoient plus generalement cognues
que la Francoiſe, j'ay cru qu'une
Traduction ſeroit plus propre en
Francois qu'en aucune autre langue. Le ſavant Autheur de ce livre
a eſté de mon ſentiment, & a donné
ſon approbation à mon travail.

Il reſte MONSEIGNEUR, que
Vous m'accordiés la Voſtre, &

comme

comme tous ceux qui ont l'honneur
de Vous cognoitre ſavent que Vous
ne Vous trompés jamais dans Voſtre Jugement, l'Approbation que
Vous donnerés à mon Ouvrage, ſera
ſuivie d'un applaudiſſement univerſel. Mais comme il ſe trouvera
ſans doute dans les Païs éſtran-
gers des perſonnes qui n'auront pas
l'honneur de Vous cognoitre : Il
ſeroit icy de mon devoir de leur
apprendre qui eſt Monſeigneur le
Comte de BRIDGEWATER : Je
devrois leur marquer ce grand merite qui Vous attire l'eſtime, & la
Veneration de tout le Monde.
Mais il y auroit trop de temerité
a entreprendre un Portrait de
cette nature. J'aime mieux garder un ſilence reſpectueux, & laiſ-
ſer

ſer à mes Lecteurs l'Idée d'un
Seigneur genereux, vigilant, e-
clairé, en un mot d'un parfaitement
honneſte homme, & d'un veritable
Chreſtien ; & finir une Epitre qui
commenceroit à vous deplaire, lors
qu'elle commenceroit à vous loüer :
que de me mettre au hazard de
perdre le fruit de cette Epiſtre,
qui n'a eu en veüe que de vous aſſeurer que je ſuis avec une profonde
ſoumiſsion

Monseigneur

Voſtre tres Humble & tres

Obeiſſant Serviteur,

De R.

AVERTISSEMENT.

LES Eveques de Rome s'estoient pendant plusieurs siecles rendus plus considerables par leur Pieté que formidables par leur puissance. Comme ils estoient pres de la personne des Persecuteurs, ils estoient ordinairement les premiers objets de la Persecution. Alors sans pretendre aucun Empire sur l'Eglise universelle, ils se contentoient de gouverner par la Houlette Pastorale le troupeau qui leur avoit esté confié, & mettoient toute leur gloire à luy tracer le chemin du Ciel au travers des douleurs du Martyre.

Mais les Empereurs de Rome ne leur eurent pas plustost abandonné le siege de l'Empire, qu'ils commencerent à Maitriser les Nations; & que non contens de voir les peuples aveuglement soumis à leur authorité, ils se declarerent Roys des Roys, & Seigneurs des Seigneurs.

Cependant comme les Souverains qui n'avoient jamais reconnu audessus d'eux que Dieu seul, ne purent se resoudre à relever des volontés d'un simple Eveque; les Papes se

trou-

trouverent obligés d'employer toutes leurs armes pour les mettre sous le Joug : Ils ouvri-
rent donc l'Arsenal Apostolique, ou pour
mieux dire, Infernal, & en tirerent des fou-
dres qu'ils lancerent sur les Roys rebelles. Il
falut pour dompter ce que l'on appelloit en eux
quoy que contre toute sorte de raison, orgueil &
desobeissance, que des Papes foulassent aux
pieds des Princes & des Empereurs, & fissent
crier par des Herauts, Tu marcheras sur
l'Aspic & sur le Basilic.

Neantmoins comme dans les commencemens
la puissance des Papes n'estoit pas encore assés
bien establie, il fallut joüer d'Adresse ; Aussi
difficilement excommunioient ils un Prince
qu'ils ne se vissent ou appuyés ou capables de luy
resister. Mais enfin leur puissance augmen-
tant tous les jours, les excommunications &
les depositions devinrent assés frequentes.

C'est à elles que l'on doit presque tous les
troubles du siecle passé & du commencement de
celuy cy. l'Angleterre & la France en ont
senti les funestes coups : Henry VIII. & Elisabet pour celle là, Henry III, & Henry
IV, pour celle cy en ont esté les Objets ; pour
ne rien dire de plusieurs autres Princes contre
les quels les Eveques de Rome ont lancé leurs
Anathemes.

Mais pendant que d'un costé les Papes usur-
poient une Authorité Souveraine & illimitée,

&

& pretendoient sous un titre mandié de Vicaires de Jesus Christ, mettre sous le joug les
veritables Lieutenans de Dieu, dont le Gouvernement est d'institution divine, & qui
regnent par luy ; D'un autre costé la bonté
misericordieuse de Dieu qui ne vouloit pas per-
mettre que tout le corps de son Eglise fust entierement infecté de cette Heresie pestilentielle,
suscita de temps en temps de bonnes Ames qui
s'opposerent autant qu'il leur fut possible aux
Usurpations des Papes, qui avoient fait à peu
prés dans l'Eglise ce que les Maires du Palais
avoient autresfois fait en France : C'est à
dire qu'ils n'avoient d'abord paru que sous le
titre de Ministres & de
Serviteurs *; Mais que
ce titre humble & Mo-
deste n'estoit qu'un mas-
que dont ils couvroient
leurs desseins ambitieux, & un degré caché
par lequel ils s'advancoient à l'authorité Souveraine.

    Aussi tost donc que le temps fut venu de se
declarer hautement, les Papes envoyerent leurs
Emissaires par tout le monde annoncer aux Nations, qu'elles eussent à leur rendre hommage,
& à recevoir les nouveaux ordres qu'ils leur
donnoient Mariana & Bellarmin les premiers
ou du moins les plus illustres Herauts de cette
nouvelle Doctrine, la publierent dans leurs
ecrits.

ecrits. La France en prit auſſi toſt l'Alarme, & s'y oppoſa vigoureuſement. Le Parlement de Paris en voyant les conſequences dangereuſes condamna au feu le livre de Mariana, & celuy du Cardinal euſt ſubi le meſme arreſt, ſi la Pourpre dont l'Autheur eſtoit reveſtu n'en euſt arreſté le coup. On ſe contenta donc d'en interdire Lavente & la Lecture. Les Catholiques de France qui n'avoient pas encore oublié leur devoir, & qui ſavoient que la Loy poſitive & naturelle les obligeoit à la fidelité & à l'obeiſſance envers leurs Souverains, écrivirent avec Zele contre ces deteſtables Principes; & peut eſtre que ces Principes & leurs Autheurs euſſent eſté condamnés d'une maniere éclatante, ſi un grand Roy * que des Armées entieres n'avoient jamais eſtonné, n'euſt tremblé

à la veüe d'un Couſteau. Alors Rome cognut que ſon authorité eſtoit ſolidement eſtablie.

Cependant comme elle ne ſe contentoit pas de regner dans un ſeul Royaume, elle tournoit touſjours les yeux du coſté de l'Angleterre: Henry VIII, avoit deja eſté excommunié; & les Papes deſeſperés d'avoir par leur propre faute perdu ce Royaume, & de voir leurs Bulles & leurs fulminations infructueuſes, jugerent qu'il falloit mettre une nouvelle eſpece d'Artillerie en uſage. Ainſi l'on mit au jour

ces

ces autres Doctrines, Qu'un Roy excommunié n'est plus Roy ; Qu'un Roy condamné par le Pape peut estre executé par le
moindre particulier ; & qu'enfin se rebeller
contre un Prince deposé, ou mesme le tuer
n'est pas un Crime. Sur ces fondemens &
par ces Principes on suscita des Seditions continuelles en Angleterre ; on ne cessa d'entreprendre sur la vie des Roys, & de travailler
à dissoudre les Parlemens, ou à les rendre im-
puissans, & enfin on jura le renversement de la
Religion Protestante. Des desseins Diaboliques
furent couverts du Manteau de la pieté ; Des
Conjurations furent appellées de Saintes unions,
* & des Parricides de-
testables furent mis au   * Comme la Ligue.
nombre des Saints ; lors
que dans le mesme temps les Legitimes posses-
seurs de la Couronne, & les fideles Sujets
estoient mis aurang des Diables. Un Zele
pretendu pour la propagation de la Foy, mais
qui pour en parler plus justement estoit un
Zele ardent d'advancer la Hierarchie & les
interests temporels de Rome, mit la Conscience de ces Traitres en repos. Les deux plus
considerables de ces conspirations ont esté la
Trahison des Poudres sous le Roy Jacques,
& celle qui n'a esté decouverte que depuis quelques mois. Dans la premiere le dessein estoit
de faire joüer une mine sous la Salle ou le Par-

a

lement

lement estoit assemblé, & de faire sauter le Roy, la famille Royale, & tous les Estats du Royaume. Dans la derniere on agissoit sur les mesmes principes quoy que par des moyens differens. On vouloit renverser les Loix fondamentales du Royaume ; on avoit dessein de detruire le Gouvernement ; de supplanter la Religion Protestante & d'introduire en Angleterre l'Idolatrie, la Superstition & la Tyrannie de Rome. Mais comme ces malheureux Conspirateurs ne pouvoient jamais se soustenir eux mesmes, ni esperer le Succeß de leur Entreprise tant que le sage Roy qui Gouverne cet Estat, subsisteroit, ils resolurent d'oster cet obstacle, & payerent des scelerats pour assassiner ou pour empoisonner sa Majesté.

Cette horrible Conspiration decouverte, le Parlement prit le soin d'en rechercher & d'en punir les Autheurs. Mais comme tant que la Cause subsistera, il est difficile que les effets cessent, Monsieur l'Eveque de Lincoln crut, qu'il estoit necessaire d'attaquer la Doctrine aussi bien que les personnes, & d'en faire voir l'impieté & les funestes consequences. Mais icy il se trouvoit une grande difficulté. Rome croit & enseigne la Doctrine de l'excommunication & de la deposition des Roys avec toutes ses consequences : Cependant il se trouvoit en Angleterre des Catholiques ou assés Zelés ou assés impudens pour nier que Rome recognoisse cette doctrine.

doctrine. Ainsi Mr. de Lincoln *crut que premierement il falloit prouver* que *Rome* enseigne Que le Pape peut excommunier &
deposer les Roys, transporter leurs Royaumes à d'autres, absoudre leurs Sujets du
Serment de Fidelité : *Secondement qu'il
falloit montrer* que ces Principes sont dangereux & pernicieux au dernier point qu'ils
sont incompatibles avec la fidelité qui est
deüe aux Roys, & opposés à toutes les Loix
divines & humaines.

Monsieur l'Eveque de Lincoln *prouve le
premier de ces points par des temoignages incontestables tirés,* 1. Des plus savans & des
plus eminens Autheurs particuliers de la
Communion de *Rome, dont il cite les paf-
sages avec la derniere fidelité.* 2. Du Droit
Canon *mesme, dont il cite & examine les
propres termes.* 3. Des Breffs *&* des Bulles
des Papes. 4. Des Canons & des Decrets
de leurs Conciles Generaux.

Apres cela Monsieur de Lincoln *prouve son
second point,* Que ces Principes sont tout à
fait dangereux. 1. à l'egard de la Conscience, *en ce que si l'on croit & pratique ces
Principes, on risque son salut, parce qu'alors
par exemple on ne fera point difficulté de se rebeller contre son Prince, de prendre les armes
contre luy & de faire plusieurs autres choses de
cette nature.* 2. à l'egard des *interests* tem-

a 2

porels

poçels en ce que si on ne les recoit pas, c'est à
dire si l'on ne recognoist pas l'Authorité Souveraine du Pape, on risque ses biens, ses honneurs & sa propre vie.

Ce sont là les points Capitaux que Monsieur
de Lincoln traitte ; il examine plusieurs autres
Articles qui en dependent ; comme par exemple,
Que les Protestans Roys & autres estans sous
une excommunication perpetuelle, qui se reitere
tous les Ans à Rome le Jeudy Saint à la Lecture de la Bulle de la Cene du Seigneur, ils
sont dans un danger continuel.

Monsieur de Lincoln examine quelques
unes de ces Bulles excommunicatoires, & en
fait voir les suites dangereuses ou pour mieux
dire les abominations.

Il montre que c'est à ces Principes que toutes
les persecutions doivent leur naissance, & que
s'il n'y avoit jamais en une telle doctrine, Il
n'y auroit jamais eu ni de Trahison des Poudres, ni de Massacre de la St. Barthelemi,
ni de Conspirations contre la Reyne Elisabet,
contre Henry III, & Henry IV. contre le
Roy Charles I. ni contre le Roy à present
regnant.

Il fait voir des consequences encore plus
terribles de cette doctrine comme celle cy, Que
les Sujets peuvent eux mesmes deposer leur
Roy s'il est Heretique, & que mesme ils le
doivent faire.

Enfin

Enfin il examine les fameuſes paroles du Concile de Conſtance, *qui commencent* Qui-libet Tyrannus, &c. *par leſquelles il ſemble que le Concile deſapprouve & condamne ces Doctrines. Mais notre Autheur fait voir que ces Paroles ſont Captieuſes & de nul poids.*

En finiſſant, Monſieur de Lincoln *promet de ſe dedire, ſi on luy fait voir, ou qu'il ait cité les paſſages à faux, ou qu'il les ait mal entendus, & qu'il leur ait donné un mauvais ſens, ou enfin* Que Rome *ait deſadvoüé par quelque declaration Authentique ces Principes.*

Voila un crayon du livre de Monſieur de Lincoln. *Je ne diray rien à la loüange de ce ſavant Eveque. Il y auroit de la temerité de vouloir retoucher un portrait achevé, qui a eſté compoſé par* Monſieur de Lincoln *meſme.* Les ouvrages de *Monſieur* Barlow *ſont ſi cognus & ſi bien receus, que ſon nom ſeul ſuffira tousjours pour donner bonne opinion d'un livre qui ſortira de ſa plume; & la reputation qu'il s'eſt acquiſe par le paſſé eſt comme un Garand de celle qu'il aura tousjours.*

Tout ce que je puis dire c'eſt que Mr. de Lincoln *a cherché icy de la ſolidité; & que ſachant fort bien que dans des choſes de fait les raiſonnemens ſont non ſeulement inutiles mais meſme quelquesfois ſuſpects, il n'en a in-*

ſeré

feré qu'autant que la Connexion des parties de son ouvrage l'a requis, & mefme ces raifonnemens font auffi folides que le refte.

Cet ouvrage n'a pas pluftoft paru que l'on a jugé qu'il feroit plus de bruit dans des pays etrangers, qu'en Angleterre. Je m'appliquay donc d'abord à le traduire. A peine avois je achevé que j'appris qu'un des plus Zelés & des plus Illuftres Eveques d'Angleterre, cognoiffant l'importance de cette Traduction, en avoit commis le foin à une perfonne capable de s'en acquiter advantageufement, & à qui j'en euffe cedé l'honneur, fi mon ouvrage n'euft pas efté achevé avant que le fien fuft commencé.

Enfin, cette Traduction paroift au jour. Je me perfuade qu'elle touchera vivement ces pauvres ames abufées que ces Principes ont feduites. Mais il eft fur tout à fouhaiter que cet ouvrage faffe quelque impreffion fur les Roys & fur les Princes. Ils peuvent voir dans ce livre les dangers epouvantables qu'ils courent. Henry IV le favoit bien, & voulant fe mettre à couvert, il obligea le Cardinal du Perron à declarer devant luy & devant toute la cour qui s'eftoit rendue à l'Eglife des Jacobins à Paris, que cette Doctrine de la Depofition & de l'Excommunication des Roys eftoit erronée. Mais en l'an 1515. ce Cardinal profitant de la Minorité du jeune Roy soutint dans une harangue faite au tiers Estat que cette Doctrine estoit Orthodoxe, & adjouta qu'il souffriroit le Martyre pour la deffendre.

Par là les Roys & les Princes verront si jamais ils se peuvent fier à Rome, & si ce n'est pas leur puissance qui les met à couvert des fulminations & de la Deposition. Le Roy de France ne craint rien à present; il à si bien bridé l'orgueil de Rome & l'a si fort intimidée il y a 16 ou 17 ans, que difficilement entreprendra-t-elle jamais contre sa personne ou contre son Authorité. Mais si la France rentroit dans les mesmes troubles dans lesquels elle estoit il y a 90 ans, & qu'en mesme temps elle s'attiraft la colere du Pape, peut estre que le Roy de France quoy que Catholique courroit les mesmes dangers que court le Roy d'Angleterre comme Protestant.

Mais j'espere que ces malheures n'arriveront plus jamais ni dans l'un ni dans l'autre Royaume: j'espere que Rome recognoitra son erreur: que la Conspiration detestable qui s'est faite en Angleterre, sera la derniere; Et que les Papes se contentans à l'advenir de Gouverner leur Eglise & de regir Souverainement leurs propres Estats, n'entreprendront jamais sur la personne ni sur les Estats des Roys. Si cela arrive, nous aurons

rons Sujet de nous confoler des dangers que nous avons courus, & l'horreur que la veüe de l'Abifme dans lequel nous avons penfé eftre precipités, nous a caufée, fera adoucie par la confideration de la Tranquillité qui fuccedera à ces orages epouventables.

A Mr L. N. P.

Monfieur,

J'Ay reçeu voftre Lettre, & celle cy vous en donnera advis, & vous affeurera en mefme temps de mes treshumbles fervices. Vous me parlés dans la voftre, *Premierement* d'un deffein fanglant, & d'une confpiration *Catholique Romaine*, comme vous l'appellés, qui s'eft faite contre la perfonne Sacrée de fa Majefté, & contre la vie de plufieurs autres; & qui outre cela devoit entraifner dans une mefme ruine la veritable Religion Proteftante eftablie en Angleterre par les loix du Royaume, & y introduire la Tyrannie, la Superftition, & l'Idolatrie de *Rome* : deffein non feulement contraire aux loix du Chriftianifme, mais mefme oppofé aux principes de la nature & de l'humanité ; & dont la cruauté eft fi grande, que tout ce que les Infidelles, ou les Turcs ont jamais imaginé, n'a rien de pareil : Et les hiftoires ne nous fourniffent rien qui l'egale, fi ce n'eft peut eftre (a) le *Maffacre de la* St. Barthelemi, *ou la Trahifon des Poudres*, que des Gens defefperés, & faifans profeffion de croire

(a) *Nuptiæ Parifinæ, & laniena Proteftantium in Gallia,* anno 1572. *vide* Thuan.

& de recevoir des principes deteftables, ont inventés & conduits pour advancer les interefts du Pape ; fans que le fang & la ruine de tant de milliers d'innocentes ames, ayent efté capables d'arrefter leur fureur, ou de leur infpirer de la compaffion.

B

En

En *Second lieu* vous me dites que les Papistes se recrient extremement sur cette conspiration impie ; qu'elle n'a ni existence ni realité, & que ce n'est qu'une intrigue d'estat, un artifice, & un ressort que l'on fait jouer pour rendre les Catholiques (c'est ainsi qu'ils s'appellent eux mesmes quoy que sans raison) odieux au peuple & a la Nation. Je ne doute point que ce ne soient là leurs plaintes : comme leurs Conspirations sont incroyables, aussi leur impudence à les nier ou à les pallier, lors qu'elles sont decouvertes, est monstrueuse, & ne trouveroit point de foy, si leurs personnes & leurs principes n'estoient pas cognuz. C'est ce qu'ils ont tous jours fait, où & quand ils l'ont osé ;

& c'est ainsi qu'ils (*b*) appellent encore à present *la Trahison des Poudres*, une intrigue d'Estat, qui n'a, disent ils, esté inventée que pour les faire paroitre coupables, quoy qu'ils fussent innocens.

(*b*) Dans un Almanac qui s'est vendu publiquement depuis le restablissement de S. M. Britannique, & qui a pour titre, *Calendarium Catholicum*, la Trahison des Poudres est appellée *une Invention*, ou une Intrigue *de Cecile. Cet Almanac est imprimé en* 1662.

Enfin vous me dites, qu'il y a plusieurs Papistes, qui, pour excuser leur Religion, & pour la laver de ces sortes d'imputations, disent que s'il y a effectivement & veritablement une telle conspiration, on doit n'en accuser que les personnes particulieres qui s'y trouvent engagées, & non les imputer au corps de leur Eglise ; ses principes & sa Doctrine ne favorisant & ne protegeant point ces desseins & ces entreprises impies & detestables sur les personnes & sur les estats des Roys. Je crois encore ceque vous me dites icy : Mais cette Apologie est de peu de poids : N'alleguent ils pas la mesme chose pour se purger de *la Trahison du* V *de Novembre* ? Et franchissant les bornes de la Modestie, & celles de la verité, ne nous disent ils pas, mesme dans des Livres mis en Lumiére, (*c*) *Que la Trahison des Poudres estoit* PLUS QUE SUSPECTE, *& qu'on n'avoit que trop de sujet*

(*c*) *Dans le mesme Almanac vers la fin ; sur le sujet des festes retenues par un Acte du Parlement.*

ſujet de croire qu'elle n'eſtoit qu'une INVENTION *de* Coecile *ce fin Politique,* POUR RENDRE LES CA-THOLIQUES ODIEUX: *& que l'on n'en avoit Decou-vert que* TRES PEU *de leur Religion,* (& encore CEUX LA ESTOIENT DES DESESPERES) *qui y trempaſ-ſent,* &c. *Tous* (d) *les Catho-liques raiſonables deteſtans cette conſpiration, & tous les deſſeins de cette nature.*

(d) Cependant *Ribeda-neira,Bzovius,* &c. mettent les autheurs de cette Trahi-ſon au nombre des plus grands & des plus eminens *Martyrs* de leur Religion, comme je le feray voir dans la ſuite : & le *P. Parſon* appelle *Garnet* qui fut executé pour crime de leze Majeſté & pour la conſpi-ration, *un homme innocent, qui ſouffrit injuſtement :* il adjoure qu'il a veſcu comme un Saint, & qu'il a fini par une MORT HEUREUSE, *mourant pour la* DEFENCE *de la* JUSTICE, dans ſon livre contre le Serment de fidelité, ſous le tittre de *diſcuſſion de la Reponſe du Docteur* Guillaume Barlow,&c.p.22,23.

Apres avoir advancé cela, vous ſouhaités que je vous mande ſi je crois leurs allegations veritables, & leur Apo-logie bien fondée ; mais en cas que je croye les unes fauſ-ſes & l'autre ſans fondement, & vous devés eſtre perſuadé que je les trouve telles, vous voulés que je vous mande les raiſons qui me font embraſſer ce ſentiment. Pour obeir donc à ce que vous m'ordonnés, & pour m'acqui-ter autant, qu'il m'eſt poſſible, de l'obligation dans la-quelle je me trouve de deffendre la verité, & de juſtifier l'Egliſe *Anglicane* ma veritable mere ; Je tacheray quoy que j'aye & peu de temps & peu de livres, eſtant eſloigné des miens, & n'en ayant que ceux que mes amis me preſ-tent; Je tacheray, dis je, d'apporter quelque choſe de ſoli-de & de convainquant pour confondre nos adverſaires, & pour contribuer à voſtre ſatisfaction. Ainſi tout ce Traité roulera ſur ces deux points.

1. Sur *la Theſe* ou ſur la Propoſition, que j'ay deſſein de prouver.
2. Sur *les Preuves* que j'apporterary pour en faire voir la verité.

Ma

Ma Proposition est celle cy, *Que la Doctrine & les Principes que l' Eglise Romaine soutient sont d'une consequence non seulement dangereuse (lors qu'ils sont creus & mis en pratique) mais mesme pernicieuse aux Rois, & sur tout à ceux qui sont Protestans ; & qu'ils sont prejudiciables aux veritables droits de la Monarchie, & incompatibles avec cette fidelité à laquelle les loix Divines & Naturelles nous obligent envers eux : & sur tout qu'ils sont incompatibles avec cette fidelité que nous devons à nos Roys par les Loix establies & generalement receües dans ce Royaume, & faites anciennement, mesme par des Roys & par des Parlemens Papistes, contre les Usurpations des Papes, & contre ces entreprises seditieuses & anti-monarchiques.* Et parce qu'il est impossible de montrer distinctement que Les Principes des Papistes sont dangereux pour nos Rois, & qu'ils sont prejudiciables aux droits & aux privileges annexés à la Couronne, si nous ne cognoissons auparavant quels sont ces droits & ces privileges, je considereray Icy deux choses.

1. Quels sont *Jura Coronæ* les droits & les Privileges de *la Couronne Imperiale d'Angleterre,* du moins autant qu'il sera necessaire pour mon sujet.

2. De quelle Maniere la Doctrine & les Principes de *Rome* peuvent estre dangereux & pernicieux à nos Roys, & prejudiciables à leurs interests.

1. Pour ce qui regarde le premier de ces points, Je crois que l'on m'accordera, ou du moins on doit me l'accorder puis que nos Loix & nos ordonnances les plus authentiques le disent si expressement, & le repetent si souvent, que l'*Angleterre* est une *Monarchie,* que nostre *Couronne* est une Couronne *Imperiale,* & que nos Rois sont Gouverneurs SOUVERAINS, & SEULS Gouverneurs SOUVERAINS de ce Royaume & de tous leurs autres estats. Dans le Serment de *Supremacie* ou de Souveraineté, que nous prestons, nous jurons, que le Roy est le SEUL Gouverneur SOUVERAIN. SOUVERAIN, & ainsi personne

sonne n'est audessus de luy, non pas mesme le Pape; & SEUL Souverain; ainsi il n'a point d'Egaux ; Desorte que par les loix que nous suivons, nostre Roy est *Solo Deo minor,* il ne voit que Dieu audessus de luy, & il est revestu d'une telle *authorité Souveraine,* que ni le Pape ni le Peuple, ni tout le monde mesme, excepté Dieu par qui les Roys regnent, n'ont aucune puissance, aucune jurisdiction, aucune authorité sur luy. Et cette authorité Souveraine qui appartient à nos Roys.& à la Couronne Imperiale d'*Angleterre* est non seulement defendue & soustenue par les Edits & par les Ordonnances de (e) la Reyne *Elizabet,* & du (f) Roy *Jacques,* & de (g) *Charles* II, Tous trois Protestans : mais aussi des Actes & des Ordonnances de Princes & de Parlemens Papistes, declarent la mesme chose : quoy que Toutes les Ordonnances des *Proviseurs* puissent servir à mon sujet, je ne m'arresterai qu'à celles de (h) *Richard* II. de (i) *Henry* VIII. & de (k) la Reyne *Marie.* Que *Richard* II. & son Parlement ayent esté Catholiques Romains c'est une chose manifeste, & il est aussi certain que *Henry* VIII. & ses Parlemens l'estoient, lors que les Actes que j'ay cités furent passés. Car il est evident que ces Actes furent faits, au 24. & au 25. an. de *Henry* VIII. c'est à dire en 1532, & 1533. auquel temps, ni luy ni ses adherens n'estoient pas encore excommuniés, mais ils estoient alors actuellement membres de l'Eglise Romaine, & le furent encore pendant quelques années. Car quoy qu'en 1535. le Pape *Paul* III. fust extremement irrité, & songeast deja à cette excommunication, neantmoins il n'excommunia actuellement le Roy & ses adherens qu'en, (l) 1538. c'est à dire, six ans

(e) *Vid. Stat.* 1. Eliz *cap.* 1. 5 Eliz. *cap.* 1. & 13 Eliz. *cap.* 2.

(f) *Vid.* 1 Jac. *cap.* 7. & 3 Jac. *cap.* 4.

(g) *Vid.* 12 Car. 2.*cap.*30. *en la Preface.*

(h) *Stat.* 16. Rich 2 *cap.* 5.

(i) *Stat.* 24 Hen. VIII *cap.* 12. & 25 Hen. VIII.*cap.* 19. & 37 Hen. VIII. *cap.* 17.& 26 Hen. VIII.*cap.* 1.

(k) *Parliamentum secundum* 2 Mariæ, *cap.* 1.

(l) *La Bulle de l'Excommunication de* Hen. VIII. *fut donnée à* Rome 16 Cal. *Januari.* Pauli *Pape* 3. *an.* 5. vid. *Bullarium Cherubini,* Tom. 1.*p.*704. *Edit. Lugduni,* 1655.

aprés

aprés que *Henry* VIII. & fon Parlement Papifte, eurent defendu les Droits de la Couronne Imperiale d'*Angleterre* contre les Pretenfions & les Ufurpations deraifonnables & injuftes du Pape ; & eurent declaré que l'Authorite Souveraine, tant dans les chofes Civiles que dans les Ecclefiaftiques, avoit tousjours appartenu *de Droit* à la Couronne Imperiale d'*Angleterre* & non à la Mitre du Pape : Et que par les Loix Divines & Humaines le Pape n'avoit non plus à faire (*de Jure proprio*) en *Angleterre*, que *Henry* VIII. en *Italie* : Et ce Parlement que nous avons cité à la marge, & qui fe tint fous la Reyne *Marie*, quoy qu'il fuft Papifte, fe declare pourtant abfolument & entierement pour l'authorité Souveraine de la Reyne ; (ce qui paroiftra peut eftre affés furprenant) Car l'Acte porte expreffement 1. *Que la COURONNE IMPERIALE de ce Royaume avec toutes fes Prerogatives, Jurifdictions,&c. eftoit defcendue à la Reyne.* 2. Qu'elle eftoit *la SUPREME & la SOUVERAINE* Gouvernante de tous fes eftats, d'une *MANIERE AUSSI PLEINE, AUSSI AMPLE, & AUSSI ESTENDUE, qu'AUCUN DE SES PREDECESSEURS*, & par confequent d'une maniere auffi vafte & auffi ample que fon Pere *Henry* VIII. 3. *Que par les PLUS ANCIENNES LOIX de ce Royaume la Punition de TOUS LES CRIMINELS de leze Majefté, ou de ceux qui avoient violé les Loix de ce Royaume, appartenoit au Roy,&c.* Deforte que mefme un Parlement Papifte recognoift & declare, Que les Roys d'*Angleterre* jouiffent d'une telle Authorité Souveraine fur toutes fortes de Perfonnes, & cela par nos PLUS ANCIENNES LOIX, qu'il peut punir TOUS LES CRIMINELS, (Seculiers ou Ecclefiaftiques) foit que leur crimes foient contre la Majefté Royale ou contre les Loix de ce Royaume. Cependant le Concile de *Trente* & la Doctrine de l'Eglife de *Rome* enfeignent tout autre chofe, comme nous le verrons bientôt. Pour ceci qui regarde l'Authorité Souveraine dont les Roys. d'*Angleterre* jouiffent conformement à toutes nos *Loix, anciennes & nouvelles*, je vous renvoye à un (m) favant dans ces fortes de Loix, qui defcrit clarement & nette-

(m) *Voy un livre de Mr.* Coke *fous le tiltre de* Reports

nettement cette authorité, & qui la justifie, & detruit en mesme temps ces objections impertinentes & seditieuses, qui ont esté faites contr'elle par des gens, qui engagés dans les interests de *Rome*, ont renoncé à la fidelité qu'ils doivent à leur Roy, & à cet amour qu'ils deuroient avoir pour leur Patrie.

Par. 5. de jure Reg. Ecclesiastico, & report. 7. sur une question de Calvin. le Chevalier Davis, dans son livre intitulé Reports sur la question de præmunire: ces livres sont en Anglois.

Enfin, pour ce qui regarde l'Authorité Souveraine des Roys, autant que les Loix de Dieu, soit naturelles, soit positives, ou que les Theologiens peuvent la determiner, je vous renvoye à *la Reponse de* (n) *l'Université d'*Oxford à une Lettre que *Henry VIII.* avoit escrite aux membres de cette Université pour leur demander leur sentiment sur ce sujet: Je vous renvoye aussi *aux* (o) *Articles d'*Edward VI, à ceux *de* (p) *la Reyne* Elizabet: aux *Articles* (q) *d'*Irlande: aux *Injonctions* (r) *d'*Elizabet: aux (s) *Canons* du 1. an du Roy *Jacques,* & (t) aux *Canons de l'an,* 1640. *sous Charles Martyr:*

(n) Vid. Literas Academiæ Oxon. Hen. 8. dat. 27. Jul. 1534.

(o) Art. Ed. 6. 1552. art. 36.
(p Art. 5 Eliz. 1562. art. 37.
(q) Art. Hiberniæ 1615. Sect. 57.
(r) Editæ 1559. in Calce post injunctionem, 53.
(s) Canones, 1603. Can. 1, 2.
(t) Can. 1640. Can. 1. &c.

sans conter les Escrits particuliers de plusieurs savans hommes. Là vous verrés clairement & pleinement exprimés les sentimens de l'Eglise Anglicane, sur l'Authorité Souveraine des Roys d'Angleterre, & sur *la fidelité qui leur est deüe,* & qui pendant les dernieres guerres civiles leur a esté rendue plus veritablement & plus sincerement par ses enfans, que les Papistes, les Presbyteriens, ou les Fanatiques, quoy qu'ils vantent hautement leur fidelité, ne peuvent raisonnabl̃ment pretendre de l'avoir fait. Si vous n'estes pas satisfait de tout ce que je viens d'advancer, & si vous souhaittés plus de preuves de *l'Authorité Souveraine des Roys,* mesme *dans les choses Ecclesiastiques,* & sur tout de celle des Roys d'Angleterre, & des Empereurs Romains; vous pourrés con-

(u) *Voy les Loix* Saxones *de Mr.* Lambert, *Concil.* Spelmanni *Tom.* 7. Whelo-gus, *&c.*

(x) *Vid. Cod. Theodof. cum doctiff.* Gothofredi *notis, & Novellas Conftit. Juftiniani.*

confulter à Loifir les Collecti-ons de (u) nos *Loix Saxones,* & celles des (x) *Loix Imperi-ales.* Ou vous verrés fuffifam-ment & evidemment que (pour des chofes de fait que l'on ne revoquoit jamais en doute en ces temps là) les Empereurs & les Rois ont fait plufieurs Loix & plufieurs conftitutions, auffi bien dans des matieres Ecclefiaftiques, & qui regardoi-ent l'eglife, que dans des affaires civiles, qui regardoient l'E-ftat: Et fi vous ledefirés, Je vous ferai voir unOriginalManu-fcript (fur lequel lesConvocations desdeux Provinces, deCan-torbury & d'York fe font *accordées* & l'ont *approuvé,* & il a efté figné par les deux Archevefques & par plufieurs autres membres des deux Provinces,) ou l'on prouve clairement par ce qui s'en peut tirer de l'Efcriture & des autres Hif-toires de ce temps là, Que depuis le commencement du Monde jufques à la venue de noftre bienheureux fauveur, les Roys ont tousjours eu, & ont eu *droit* de s'arroger une Jurisdiction & une Authorité Souveraine auffi bien dans les matieres Ecclefiaftiques, que dans les chofes civi-les: & fur tout les Roys des Juifs, le propre peuple de Dieu, du quel la Monarchie avoit efté inftituée par Dieu mefme, & ainfi pouvoit eftre en quelque maniere appellée une Monarchie Divine. Apres ce que j'ay advancé je viens maintenant à mon fecond point; c'eft à dire que je tache-rai de vous faire voir, combien ces principes des Papiftes font dangereux; & qu'ils peuvent, lors qu'on aura les moy-ens de les mettre en execution, eftre très pernicieux aux perfonnes Sacrées des Roys, & tres prejudiciables à leurs droits, & à leurs Privileges legitimes. Et icy je dis,

Que plufieurs *Principes* des *Papiftes,* & plufieurs *Doctri-nes* generalement approuvées & receües par l'Eglife de *Rome,* font non feulement des Principes dangereux, maif-que ce font auffi des Principes de Sedition & de Deftructi-on, & qu'ils font incompatibles avec la puiffance & l'Au-thorité Souveraine des Roys. Car ils difent unaniment dans mille volumes ecrits de deffein fur ce fujet, & ils tachent ad-roitement de prouver, que bien loin que les Roys & les

Em-

Empereurs ſoient abſolus & Souverains ils ſont ſujets du Pape, & relevent de luy comme des vaſſaux, & qu'en cette qualité ils luy doivent & leurs ſervices & leur fidelité. pour eſtre convain cu de la verité de ceque je dis, il ne faut que conſiderer cequi ſuit.

1. Lors que l'Empereur (y) *vient en la preſence du Pape, auſſi toſt qu'il apperçoit ce Pontife, Il doit ayant le chapeau bas & la teſte nue, s'incliner juſques à ce que ſon genou touche la terre, & ſe proſterner devant le Pape ; & s'approchant de plus prés il doit encore ployer le Genou, & enfin quand il ſera venu aux pieds du Pape, il doit s'incliner pour la troiſieme foit, & les bai-ſer. DEVOTEMENT.* C'eſt à dire, qu'il faut que l'Empereur

(y) *Cæſar ut primum Pontificem videt, illum DETECTO CAPITE, Genu TERRAM TANGENS VENERATUR, & iterum cum appropinquet ad Gradus ſedis Papæ, genuflectit, ac demum, cum ad Pontificis Pedes pervenerit, illos DEVOTE oſculatur.* Sacrar. Ceremon. Sanctæ Rom. Eccleſiæ Lib. 1. Tit. 5. p. 22. Col. 3. Edit. Rom. an. 1560.

ADORE le Pape en ſe baiſſant, & en s'inclinant juſques en terre, & enſuite en ſe tenant à genoux & teſte nue, & baiſant *DEVOTEMENT* ſes pieds. Orgueil execrable & Prodigieux ! le Pape pretend contre toute ſorte de raiſon, & meſme contre toute apparence, eſtre Vicaire de Jeſus Chriſt, & par conſequent, ſuppoſé qu'il le ſoit, il eſt moindre que ſon Maitre: Cependant où voyons nous que notre Sauveur ait jamais exigé non ſeulement des Rois & des Empereurs, mais meſme des moindres particuliers, ces marques de reſpect, & qu'il ait voulu que l'on ſe proſternat devant luy, ou que l'on baiſaſt ſes pieds : auſſi n'y a-t-il point d'homme qui vouluſt exiger ces adorations, ſi ce n'eſt *l'homme de Peché,* (*) qui uſurpant

cette grandeur & cette Autho-rité que Dieu ne luy a jamais

(*) 2 Theſſ. 2. Verſ. 3, 4.

donnée, *s'eſleve au deſſus de tout ce qui eſt nommé Dieu,* ou *au deſſus de tout ce qu'on adore* : c'eſt à dire qui s'eſleve au deſſus des *Roys* & des *Empereurs.* Mais du moins le Pape ne teſmoigne-t-il pas en cette occaſion quelque reſpect à l'Empereur ? ne luy fait il pas quelque Civilité ? ne le ſalve-t-il pas ou en decouvrant ſa teſte, ou du moins en

ſe

se baissant, &c ? Nullement, Car ce mesme livre Authentique des *SACREES* Ceremonies de la *SAINTE* Eglise *Romaine* nous dit (z) *Que le le Pape ne salve absolument aucun MORTEL, ni en se levant manifestement, ni en se decouvrant, ni en inclinant la teste.* Seulement, adjoute ce Ceremonial, *Lors que l'Empereur a baisé les pieds du Pape,* le Pontife qui jusques là estoit *demeuré assis, se leve TANT SOIT PEU pour luy : & il fait quelques fois la mesme chose a de GRANDS PRINCES :* Que le Monde, & sur tout que les Roys qui y ont tant d'interest, jugent maintenant, .Si cela peut estre compatible auec cette Souveraine Autho-

(z) *Pontifex Romanus NEMINI omnino Mortalium reverentiam facit, assurgendo manifestè, caput inclinando, aut detegendo. Romano autem Imperatori postquam illum sedens ad osculum Pedis suscepit, ALIQUANTULUM assurgit. Magnis etiam Principibus, PRIVATIM adventantibus, cum non est in PONTIFICALIBUS, aliquantulum assurgit, TANQUAM Reverentiam faciens,* &c. dictus liber Sacrar. Cerem. lib 3. Tit. 1. Pag. 113. Col. 2.

rité d'ont ils sont reveftus, & si eftre ains ; sujets, ou pour mieux dire, Esclaves du Pape, n'eft pas deroger à cette puiffance abfolve qui leur appartient legitimement, & qui leur eft attribuée par les loix Divines, Naturelles & Pofitives : Et il faut remarquer icy que le livre du quel j'ay tiré ce que je viens d'advancer, n'eft pas un livre *Apocryphe* ou un *Libelle imprimé sans permission*, rempli des Opinions ou des imaginations de quelque personne particuliere : mais qu'il contient Les *SACREES* Ceremonies de l'*EGLISE ROMAINE*, recueillies par *Marcel ARCHEVESQUE* de *Corfou*, & qu'il eft dedié au *PAPE LEON X*, Imprimé à *ROME*, & extremement *approuvé* & (a) recommandé par leurs plus *Eminens Autheurs.*

(a) *Liber VALDE PROBATUS*, dit Poffevin, *In Apparatu sacro in Chrift.* Marcello.

2. Mais ce n'eft pas encore tout, il faut outre cela que le pauvre Empereur rende au Pape son Maiftre & son Souverain des services plus vils, & qu'il soit son valet, ou pour en parler plus honorablement, il faut qu'il soit
son

fon (*b*) *Escuyer* : qu'il tienne *l'Eſtrier* quand le Pape monte à Cheval, & qu'il conduiſe le Cheval quelques pas, le tenant par la Bride. C'eſt ceque le livre des *Sacrées Ceremonies de la Sainte Egliſe Rom,* nous marque en ces termes, (*c*) *Ca-ſar (traditis Sceptro & Pomo, uni ex ſuis) prævenit ad equum Pontificis, & TENET STAPHAM,* quoad *Pontifex equum aſcenderit, & deinde accepto equi fræno, per aliquot paſſus ducit equum Pontificis :* Cequi eſt non ſeulement un orgueil impie & prodigieux au Pape de l'exiger ou de le ſouffrir, mais auſſi une molleſſe & une baſſeſſe à l'Empereur de s'y ſoumettre. Cependant il s'eſt trouvé des Empereurs qui s'y ſont actuellement ſoumis ; & (*d*) *Sigiſmond* tint l'-Eſtrier au Pape *Martin* V. *&c. Frederic* (*e*) à *Alexandre* III. & avant cela à *Adrian* IV. (*f*) ſi nous en devons croire *Baronius. In conſpectu exercitus ſui,* dit ce Cardinal, *Frediricus OFFICI-VM STRATORIS cum JV-CVNDITATE implevit, & ſtregnam FORTITER tenuit,* A la veüe de ſon armée, *Frederic* s'acquita avec beaucoup de *JOYE* de ſon Office d'Eſcuyer *du Pape, & tint FORTEMENT l'eſtrier.* Et *Baronius* avoit ſi peur qu'on ne paſſaſt legerement cet endroit, qu'il a mis ce *Nota* en (*g*) marge, *Afin que les Roys & les Empereurs SERVENT au PA-PE :* & à la Marge du Paragraphe ſuivant, (*h*) *le Roy fait la fonction de ſa charge de* Gentilhomme de l'Eſtrier *du Pape.*

(*b*) *Il faut qu'il faſſe ſtratoris officium. qu'il ſoit Gentilhomme de l'Eſtrier,* dit. le Card. Baronius, annal. Tom. 12. ad an. 1177. Sect. 38.

(*c*) *Dicto libro, Sacr. Cerem. lib. 1. tit. 5. p. 26. Col. 3.*

(*d*) Tho. Walſingham *hy-podig. Neuſtriæ, p. 588.*

(*e*) *Baron. annal. Tom. 12. ad ann. 1177. Sect. 124.*

(*f*) *Idem annal. Tom. 12. ad an. 1115. num. 13, 14.*

(*g*) *Ibid. num. 13.*

(*h*) *Ibid. num. 14.*

3. Ce n'eſt pourtant pas encore tout : Il faut de plus que l'Empereur preſte ſerment de fidelité au Pape, qu'il
luy

luy promette d'eſtre ſon procureur, de défendre & de
ſouſtenir tous ſes droits & tous ſes Privileges; voicy la
forme du ferment (i) *Ego Rex*
Romanorum futurus Imperator,
promitto & juro, me de cætero
Protectorem & Procuratorem fo-
re ſummi Pontificis, in omnibus Neceſſitatibus & utilita-
tibus ſuis, cuſtodiendo & conſervando poſſeſſiones, honores,
Jura, &c. C'eſt ainſi qu'*Innocent* fit preſter le ſerment
de fidelité à *Jean* Roy d'*Angleterre,* qui le preſta à peu
près en cette forme, (k) *Ego*
Johannes Rex Angliæ----fide-
lis ero----Eccleſiæ Romanæ, ac
DOMINO MEO, Innocentio
Papæ 3. &c. Et avant cela
Gregoire VII. ce prodige de
mechanceté & de Tyrannie, a-
voit envoyé *Hubert* à *Guillaume*
le Conquerant, (l) pour *l'ob-*
liger à preſter le ferment de fi-
delité à luy & à ſes Succeſſeurs.
Il eſt vray que le *Conquerant,*
avoit aſſés de jugement pour
diſcerner l'Eſtendue de ſes Droits, & pour cognoitre
l'injuſtice des pretenſions du Pape: auſſi ce Prince ſoutint
comme il devoit la Dignité du Sceptre, & refuſa abſolu-
ment de preſter un ferment de cette nature. *Fidelitatem*
facere nolui, nec volo, dit il dans une de ſes Lettres au
Pape. Quoy qu'il en ſoit, *Rome* à pretendu cette authorité, & lors qu'elle en a eu & les moyens & l'occaſion elle
ſe l'eſt arrogée; & nous devons eſtre aſſurés, que lors
qu'elle le pourra faire, & que ni l'occaſion ni les moyens
d'exiger ce ferment ne luy manqueront pas, elle l'exigera
avec la derniere ſeverité, & appuyera ſes pretenſions d'in-
terdits, d'Anathemes, & d'excommunications. Auſſi auroit
elle en quelque maniere droit de le faire, ſi elle avoit veritablement & effectivement ſur les Roys cette vaſte jurisdiction & cette authorité immenſe, que les *Canoniſtes,* les *Je-*
ſuites, les *Scholaſtiques,* les *Summiſtes,* & la plus part de
leurs plus eminens autheurs luy attribuent. D'une infinité

(i) *Sacr. Cerem. lib.* 1.
Tit. 5. *p.* 23.

(k) Hen. de Knighton, *de*
Eventibus Angliæ, lib. 2.
p. 2420. & Matth. Weſtmo-
naſt. *ad an.* 1213. *p.* 272.

(l) *Ut ſibi & Succeſſori-*
bus FIDELITATEM fa-
ceret. Baron. an. Tom. 2.
ad an. 1079. num. 25.

dexemd'exemples que je pourrois alleguer, je n'en rapporterai que les suivans.

4. Le Cardinal *Pool*, (m) apres avoir dit, & prouvé, du moins comme il se le persuade, que le *Roy estoit une production du Pape & du Peuple*, qu'ils *le créoient*, & qu'ils le faisoient *Roy* : & que *l'Office de Pape & de Prestre*, estoit l'office *d'un Pere*, dont le Roy estoit le fils ; adjoute, que *l'office de Pere est GRAND ET PLUS DIVIN ABSOLVMENT PLVS QVE CELVY DE ROY* : & ensuitte afin qu'on y fasse reflexion, il y joint ces paroles, (n) *Le Prestre COMMANDE* & prescrit *AV ROY, mais le ROY NE PEVT PAS COMMANDER AV PRESTRE* : le Prestre est donc au dessus du Roy ; le Roy est sujet du *Prestre* : ce qui detruit entierement l'authorité Souveraine des Roys : & un peu auparavant il dit, (o) *Que Henry VIII. lors qu'il voulut estre reconnu pour VICAIRE de Jesus Christ, imita l'ORGVEIL de LVCIFER.* Cela ne va pas mal : Mais comme le Pape aspire à une autorité plus grande, le Cardinal, & presque tous les autres Papistes, luy en donnent encore d'advantage, (p) *Jesus CHRIST* dit il, a *ESTABLI* la Chaire de St. Pierre *SVR TOVS les Thrones des EMPEREVRS*, & sur *TOVS les Tribunaux des ROYS*. Le Pape selon leur Theologie est *de Droit Divin* au dessus de tous les Roys & de tous les Empereurs ; & cependant St. Paul,

(m) *Libro ad Hen. 8. pro Ecclesiasticæ Unionis defensione, Romæ apud Antonium Badum Asulanum, p. 25, 26. ce livre est in folio, mais l'année qu'il est imprimé, n'est pas marquée.*

(n) *SACERDOS in sua munere REGI PRÆCIPIT, NON CONTRA, Ibid. p. 26. col. 1.*

(o) *Henricus Rex LVCIFERI SVPERBIAM imitatur, dum se ipse VICARIVM CHRISTI constituit, ib. pag. 17. col. 1.*

(p) *Polus Card. de Concilio, p. 91. Edit. in octavo.*

(q) 2 Cor.11.5.& 12.11.

(r) Acts 25. 10, 11.

(s) Imperator PAPÆ JURE DIVINO SUBJECTUS, etiam in TEMPORALIBUS. *Azorius institut. Moral. Tom.2. lib. 10. cap.6. p.1041.*

(t) Unicus DEI VICARIUS PONTIFEX ROMANUS habet SUMMAM potestatem & IMPERIUM super OMNES REGES & Principes TERRÆ, *Blasius Bagnus de S. Romanæ Ecclesiæ Dignatibus, Tract. 7. p.83.*

(u) Sicut unus est Deus Monarcha omnium, sic inter homines, UNUS DEBET esse PRINCEPS & MONARCHA, qui OMNIBUS MORTALIBUS præsit, & DOMINETUR, DEI scilicet VICARIUS. Non igitur Petrus SUB REGE, sed REGES SUB PETRO esse DEBENT, sibique & suis SUCCESSORIBUS INCURVARI TENENTUR, & COLLA SUBMITTERE. *Idem Blasius Bagnus, Tract.7. p.84.*

St. *Paul*, (q) qui n'estoit point inferieur à St. *Pierre*, & qui estoit incomparablement au dessus de tous les Successeurs de cet Apotre, recognoist l'Empereur, (r) quoy que Payen, pour son *Juge*, & pour son *Seigneur Legitime*, & c'est dans cette veüe qu'il en appelle à luy. *Azorius* un grand & un savant Papiste, confirme le Sentiment du Cardinal, (s) l'*Empereur*, dit il, *est SUJET au PAPE, DE DROIT DIVIN*, mesme *DANS LES CHOSES TEMPORELLES*: & apres luy un savant homme, qui estoit Prieur General de son Ordre, nous dit (t) *Que l'EMPIRE du Pape* s'estend sur TOUT LE MONDE, que les Payens & les Chrestiens y sont egalement soumis, & qu'il *est le* SEUL VICAIRE DE DIEU, *qui a une puissance* absolue, & un EMPIRE SOUVERAIN sur TOUS LES ROYS & sur TOUS LES PRINCES DE LA TERRE. Et derechef (u) *Comme il y a un seul Dieu Monarque de tous, de mesme entre les hommes, il doit y avoir* UN PRINCE & UN MONARQUE, *qui soit au dessus de* TOUS les MORTELS, & *qui* les GOUVERNE, *a sçavoir le* VICAIRE *de* DIEU. PIERRE ne DOIT donc pas estre AU DESSOVS des ROYS, *mais les* ROYS

ROYS *doivent eſtre* AU DESSOUS *de* PIERRE, & ils ſont OBLIGES *de* PLOYER & de ſe SOUMETTRE *& à Pierre, & à ſes* SUCCESSEURS : & un peu apres (x) *Il n'y a qu'un Vicaire de Dieu, qui eſt* PRINCE & SEIGNEUR *de* TOUS les hommes, *au quel il* faut que *les* EMPEREURS, les ROYS, & TOUTES *les puiſſances* OBEISSENT HUMBLEMENT *& luy ſoient* SUJETS. Et aſſeurement il eſt tout à fait raiſonnable & tout à fait juſte qu'ils le faſſent, ſi ce que cet autheur advance eſt vray, que les Princes tiennent du Pape toute la puiſſance & toute l'authorité qu'ils peuvent avoir (*) *Commie la Lune* dit il, *recoit ſa Lumiere du Soleil* ; De meſme *la puiſſance* ROYALLE *tire toute ſon Authorité du* PAPE, & n'en a qu'autant que le Souverain Pontife luy en-communique. Et pour preuve de cela il cite deux grands (y) Jurisconſultes, (& il luy euſt eſté aiſé d'en citer un cent) *Jean André & Hoſtienſis*. * *Jean André & Hoſtienſis*, dit il, apportent pluſieurs raiſons, par les quelles ils prouvent, *Que le Pape eſt le Prince, le* MONARQUE & *le* SOUVERAIN (SUPERIOREM) *de tous les Eccleſiaſtiques & de tous les Seculiers.* Mais il y a quelque choſe de plus & il eſt du DEVOIR *de* TOUS *les* ROYS de ſouffrir que le Pape les Gouverne ; (z) *la Puiſſance Spirituelle* DOIT COMMANDER *à la temporelle* ; & meſme ils ſont damnés s'ils ne ſe ſoumettent : Car c'eſt ainſi que nous l'explique le Pape *Bonface* VIII.

(x) Unus Dei Vicarius OMNIUM PRINCEPS & DOMINUS, cui IMPERATORES, REGES, & Poteſtates OMNES HUMILITER OBEDIANT, ſintque SUBJECTI, ibid. p. 85.

* Sicut luna accipit lumen a ſole, ſic REGIA poteſtas recipit authoritatem NON ALIUNDE niſi A PAPA.

(y) *Ibid. p. 85.*

* *Ad Can. Nemo* 13. & can. *aliorum.* 14. *cauſ.* 9. *Quæſt.* 3.

(z) DEBET Poteſtas ſpiritualis temporali DOMINARI : *Gloſſa ad cap.* unam ſanctam de Major. & Obed. *In extravag. commun. verbo,* porro ſubeſſe, *in Reſp. ad* 3. *Argum.*

dans

dans cette extravagante impie qui porte son Nom, *Tous les Fideles sont* DE NECESSITE DE SALUT SOUMIS AU PONTIFE ROMAIN, *Qui a les* (a) *deux épées, & qui juge* TOUT *le monde, & n'est jugé par* PERSONNE. Le Pape a les 2. epées, c'est à dire, comme l'explique faussement & ridiculement leur juge infallible, qu'il a une puissance Temporelle, & une puissance Spirituelle, & qu'il est un MONARQUE SOUVERAIN, qui est *au dessus de tous les Roys.* Mais ils vont encore plus loin, & joignans un blaspheme à l'injustice de leurs pretensions; ils di-sent que nostre bienheureux sauveur n'eust pas este prudent, si à son ascension il n'avoit laissé un Monarque ou un chef Souverain, pour regir son Eglise, & pour gouverner le monde, *Non videretur Dominus fuisse* DISCRETUS, porte le Texte,

(a) *Luc.* 22.38. 1. *Il ne paroist pasque St.* Pierre *les ait eu toutes deux.* 2. *Ni que* Jesus Christ *les luy ait données.* 3. *Ni qu'elles representassent deux puissances distinctes.* 4. *Ni que St.* Pierre *ait pû se servir de l'une & de l'autre, luy qui fut si severement repris d'en avoir employé une,* Matth. 26. 51, 52.

(b) *Glossa ad dictum cap.* unam sanctam.

(b) *nisi unicum post se talem Vicarium reliquisset.*

Enfin pour pousser leur flatterie aussi loin qu'une complaisance basse & servile la peut pousser; & pour combler en mesme temps la mesure de leur impieté & de leur Blaspheme, ils disent que le Pape est *plus qu' homme,* comme on le voit dans le corps du droit Canon, dans la Glose sur les *Clementines.*

(c) *Glossa verbo Papa ad* Proœmium Clementinarum.

(c) *Papa stupor mundi*---*Qui maxima rerum Nec Deus, nec Homo, quasi neuter et inter utrumque.*

Je puis rapporter icy cette fameuse inscription, qui, si je ne me trompe, se trouve à *Rome* sur un Autel. Elle porte ces paroles, *Paulo V.* VICE-DEO, *Pontificia* OMNIPOTENTIÆ *vindici acerrimo,* &c. c'est à dire, *A Paul V.* VICE-

VICE DIEU, *vigoureux Defenseur de la TOUTEPUIS-*
SANCE Pontificale, &c. où quoy que le terme de VICE-
DEUS represente quelque chose de moins que celuy de
DIEU; cependant cette TOUTEPUISSANCE que
l'on ne peut attribuer au Pape sans un Blaspheme terrible, sig-
nifie necessairement qu'il est au dessus de l'homme. Mais
il y a une autre Glose qui n'est pas si delicate, elle pro-
nonce au contraire en des paroles formelles un Blaspheme
positif: *Dominus (d) DEUS no-*
ster Papa, dit elle, *le Pape nostre*
Seigneur, & nostre DIEU : Desorte que quoy que ces Gloses
s'accordent en leur impieté, &
dans les Blasphemes qu'elles
prononcent, elles se contredisent cependant, l'une disant *Que*
le Pape est Dieu, & l'autre qu'il n'est *ni Dieu ni homme :*
si cela est vray, je prie les Canonistes de m'apprendre ce qu'ils
pensent donc du Pape, & ce qu'ils croyent qu'il peut
estre. Car si selon leur Droit, Il *n'est ni Dieu ni homme,* &
si d'ailleurs, comme je m'imagine qu'on me l'accordera,
il est une creature raisonnable, & cependant il n'est pas un
bon Ange, il faut necessairement par leurs propres principes & par leurs Canons, Que le Pape soit *un Diable*
incarné. Je ne l'appelle point ainsi : mais je fais voir seulement, qu'il en doit estre un par les consequences naturelles
de ces Gloses impies & prophanes.

Et icy il ne sera pas hors de propos de remarquer, que,
quoy qu'en l'an. 1572. *Thomas Manrique* Maistre du Sacré Palais, jugeast (e) qu'il
y auroit de la prudence à retrancher cette Glose, & qu'il
eust publié & mesme fait imprimer son sentiment sur ce sujet; Cependant le Pape *Gre-*
goire XIII. (f) n'en fut pas
d'advis au contraire il passa &
approuva cette Glose impie,
comme plusieurs autres de
cette nature; & ainsi elle est
demeurée jusques à present

(d) *Glossa ad cap.* cum inter 4. *verbo* declaramus, *de*
verb. signif. in extravag. Jo-
han. 22.

(e) *Censura in Glossas Ju-*
ris Canonici, Colon. 1572.
p. 13, 14. & 52.

(f) *Vide Bullam ejus da-*
tam Romæ, 1 *Jul.* 1580 *præ-*
fixam juri can. Paris. 1612.

C

dans

dans les Editions de Rome, (g) & de Paris (h). Et quoy que la *Congregation de l'Index,* & les Inquisiteurs dans les *Indices* expurgatoires prennent une cognoissance particuliere des Doctrines suivantes, & les censurent bien qu'elles soient des Principes de la Religion Chrestienne manifestement contenus dans l'Escriture, comme, que *Abraham a esté justifié par la foy* (i) ; *Que Jesus Christ est salut aux Croyans* (k) ; *Que J. C. est nostre justice* (l) ; *Que nous sommes tous pecheurs* (m). Quoy qu'ils condamnent, dis-je, ces saintes verités, & qu'ils ordonnent qu'elles soient effacées & retranchées, cependant ils ne touchent point à cette Glose impie, qui fait comme ils se l'imaginent, pour la puissance absolue du Pape ; & pour sa Monarchie universelle ; & elle se trouve dans les Editions les plus correctes & les plus nouvelles du Droit Canon. Seulement dans la derniere Edition, que j'aye encore veüe, ils ont ajouté cette remarque en marge à costé de la Glose (n) *Il faut entendre sainement ces paroles, & les prendre dans un bon sens.* C'est à dire, selon le sentiment de *Jean André* l'autheur de cette Glose, qu'il les faut prendre dans le sens, dans lequel elles font le plus pour l'authorité Souveraine du Pape. Car il suit immediatement, *Que, ces choses* (*) *n'ont esté advancées que pour faire cognoistre l'estendue de la puissance du Pontife de Rome.*

Cette

(g) *Anno* 1580.

(h) *Paris,* 1612.

(i) Abraham fide Justus. *Index expurgat. Hispan. Juxta exemplar Madriti.* 1667. *p.* 99.

(k) Christus credentibus salus. *ibid. p.* 112. *col.* 2.

(l) Justitia nostra Christus. *ibid.*

(m) Omnes sumus Peccatores. *ibid.*

(n) Hæc verba sano modo sunt accipienda. *Edit. Jur. Canon. Paris,* 1612. *Clement. Col.* 4. *in Margine ad Proœmium Clementinarum.*

(*) Prolata enim sunt ad ostendendam amplissimam esse Pontificis Romani Potestatem.

Cette authorité Souveraine du Pape eſtant accordée,
& c'eſt ce que demandent la plus part de leurs Juriſconſultes,
de leurs Loix Authentiques, de leurs Canoniſtes, de leurs
Conciles, & de leurs plus eminens autheurs, ſur tout des
Jeſuites, il s'enſuit evidemment, Que le Pape eſt la ſeule
& unique puiſſance Souveraine qui ſoit ſur la Terre : &
ainſi tous les Roys & tous les Empereurs ſont & doivent
eſtre ſes ſujets, & par conſequent ils perdent cette authorité Souveraine, qui leur appartient de Droit par les Loix
de la nature, & par celles de l'Eſcriture : Car ils poſent,
& tachent induſtrieuſement de prouver cet Empire Souverain & abſolu du Pape ſur tous les Roys, & ſur tous les
Empereurs de la terre. Pour voſtre ſatisfaction, & pour
appuyer en meſme temps ce que j'advance, j'en rapporterai
icy quelques preuves & quelques teſmoignages.

I. *Abraham* (o) *Bzovius* dit,
1. Que le *Pape eſt le
MONARQVE de TOVS
LES CHRESTIENS*, ſans
en excepter les Roys ni
les Empereurs. 2. Qu'il
eſt *SOVVERAIN* & ab-
ſolu ſur *TOVS les MOR-
TELS.* 3. Qu'il *n'y a
point d'APPEL de luy.*
4. Qu'il eſt *JVGE du
CIEL, & SOVVERAIN
dans tous les JVGE-
MENS de la* Terre. 5.
Qu'il eſt *l'ARBITRE du
MONDE.*

(o) *Abr. Bzov. de Pontif.
Romano. Coloniæ Agrip.*
1619. dit.
1. Papa eſt Chriſtiano-
rum Monarcha. *cap.* 1.
2. Mortalium ſupremus.
cap. 3.
3. A quo provocatio nul-
la. *cap.* 16.
4. Judex Cœli & in ju-
dicio terreno ſupremus. *cap.*
32.

5. Arbiter Orbis. *cap.* 45.

C'eſt là ce que *Bzovius* tache adroitement
de prouver par tous les Autheurs Papiſtes, auſſi bien
que pluſieurs autres choſes de cette nature ; Et ſon
livre n'eſt pas un livre imprimé par ſurpriſe ou en ca-
chette : Il n'eſt pas non plus tel, que *Rome* ne voudroit ni le recognoiſtre ni le recevoir. Au contraire
il a paru avec l'approbation, & avec les applaudiſſe-
mens de ſes Superieurs, & de l'*Inquiſiteur Apoſto-
lique*, qui approuve le livre de *Bzovius*, & toutes ces

autres

autres maximes extravagantes, & contraires à l'authorité Royale, qui les approuve, dis je, en cette maniere. *(p) Veu qu'il paroist suffisamment, tant par les APPROBATIONS des DOCTEURS, que par la REPUTATION de l'Autheur, Que l'Erudition du present ouvrage, est tout à fait SINGULIERE, & que la DOCTRINE en est SOLIDE, soit pour ce qui regarde la FOY, soit pour ce qui regarde les MOEURS; Je suis d'advis qu'il soit imprimé pour l'UTILITE PUBLIQUE.* Desorte que, comme il paroist par cette approbation, la Doctrine de la Souverainté du Papes sur les Roys, & sur les Empereurs, n'est pas seulement une opinion particuliere de *Bzovius*; Mais elle est reçeüe par l'Eglise Romaine, au moins dans le jugement de ceux qui ont approuvé cette doctrine, & qu'elle a authorisés pour cet effet.

II. *Isiodore Mosconius* est mon second témoin. C'estoit un savant Jurisconsulte qui a esté Vicaire general de de l'Archevesque de Bologne. Il dit *(q) Que le Pape* est JUGE UNIVERSEL, ROY *des* ROYS, & SEIGNEUR *des* SEIGNEURS, *parce que sa puissance est de Dieu:* Que le TRIBUNAL *de* DIEU, & *celuy du* PAPE, *ne sont qu'un seul* & MESME *Tribunal,* & *qu'ils ont le mesme* CONSISTOIRE. *Que par consequent* TOUTES *les autres*

(p) *Vide approbationes libror. Bzovii de Pontif. Rom. præfixas, in approbatione Inquisitoris Apostolici.* Cum de præsentis Operis SINGULARI eruditione, SOLIDAQUE IN FIDE AC MORIBUS DOCTRINA, tam ex DOCTORUM CALCULO, quam ex Authoris CELEBRI NOMINE, satis CONSTET, Censeo ut ad COMMUNEM UTILITATEM excudatur, &c.

(q) Isiod. Moscon. de Majestate Ecclesiæ militantis, lib. 1. cap. 7. p. 26. Venetiis 1602. *Pontifex Rom. est Judex universalis, Rex Regum, & Dominus Dominantium, eo quod ejus potestas à Deo est, & nullum habet superiorem nisi Deum; estque unum Tribunal inter Deum & Papam. Ideo omnes aliæ potestates ei subditæ sunt, & à nemine judicatur nisi à Deo. Non ab Augusto, non*

autres puissances LUY sont AS SUJETTIES : & que le Pape ne peut estre JUGE de PERSONNE si non de DIEU : *Non par l'EM-*PEREUR *ou par les* ROYS, *non par le* CLERGE *ni par le* PEUPLE. Et il cite plusieurs de leurs Canons, & de leur Conciles qui prouvent & qui disent la mesme chose aussi positivement que luy.

à Regibus nec à Clero, aut à populo. Et p. 640. in margine, *Papa est omnium Principum Monarcha, &c.*

III. *Celsus Mancinus* * ne le cede pas de beaucoup à *Mosconius,* & il attribue au Pape, aussi bien que celuy cy *une Authorité Souveraine & absoluë,* mesme dans les choses temporelles. Car dans le livre que j'ay cité en marge, il advance *Trois choses,* qu'il prouve pleinement par les meilleurs Autheurs de la Communion de Rome (r)

* De Juribus Principatuum Romæ, 1596. lib. 3. cap. 1, 2.

1. *Que le Pape est* SEIGNEUR DE TOUTE le MONDE. 2. *Que le Pape, en qualité de Pape* a une authorité & une PUISSANCE TEMPORELLE. 3. *Que cette Puissance Temporelle du Pape est* la plus illustre & la PLUS EMINENTE

(r) Mancinus loco citato, ait, 1. *Papa est* TOTIUS ORBIS DOMINUS. 2. *Papa, ut Papa, habet* POTESTATEM TEMPORALEM. 3. *Potestas Papæ Temporalis est* OMNIUM *aliarum potestatum* EMINENTISSIMA, *aliæque Potestates* OMNES *ab illo* DEPENDENT.

de TOUTES LES AUTRES PUISSANCES *du monde ;* & que TOUTES *les autres puissances* DEPENDENT *du* PAPE. Mais passons cecy, je vous citerai une authorité de plus de poids que celle là, qui non seulement vous dira, que la Puissance Pontificale est plus grande que celle des Roys ou des Empereurs ; mais qui aussi vous apprendra en mesme temps de combien de degrés elle est plus grande.

IV. Car le Pape *Innocent* III. qui estoit aussi infalli-

ble

(s) Innocentius III, cap. *Solicitæ*, 6. extra de *Major. & obedientiâ.*

(t) *Pontificalis dignitas quadragies septies Regali major,* porte cette savante Glose.

ble qu'aucun de ses Successeurs dit, (s) Que la puissance Pontificale, est plus grande que l'Imperiale, autant que *le* SOLEIL *est plus grand que la* LUNE. Et la Glose (t) sur cet endroit, porte que la premiere est 47. fois plus grande que l'autre. Mais celuy qui a mis la *Note* à la Marge croit que c'est trop peu, & met *Quinquagies septies* : c'est à dire que selon son Arithmetique la Puissance du Pape, excede 57. fois celle de l'Empereur. Apres cela, n'auroit on pas sujet de croire que la puissance du Pape est assés grande, cependant il y a icy une addition, dont l'autheur m'est inconnu, qui nous dit, que *la Dignité Papale surpasse* 7744. *fois la* Dignité *Imperiale.* Vous n'en croirés que ce qu'il vous plaira, mais vous pouvés juger par là, quel estat ces gens font de la Majesté Royale ou Imperiale, & ce qu'elle peut estre en comparaison de cette grandeur immense de la Souveraineté des Papes.

En un mot, si vous comparés cette Decretale d'*Innocent* III. que nous venons de citer, avec la fameuse Extravagante de (u) *Boniface VIII.*

(u) *Boniface VIII. cap.* Unam sanctam, 1. *de Majoritate & Obed. Extrav. com.*

qui est reçeüe dans le corps du Droit Canon, aussi bien que la Decretale d'*Innocent* ; vous trouverés qu'elles citent plusieurs passages de l'Escriture mal entendus & malheureusement interpretés ; & qu'elles apportent plusieurs raisons pour prouver que la Puissance Pontificale l'emporte sur celle des Roys & des Empereurs. Mais bien loin que les consequences qu'ils tirent de ces textes qu'il citent, soient infallibles, elles sont semblables à ceux qui les citent, c'est à dire, qu'elles sont manifestement fausses : Et les autres Argumens qu'ils apportent

sont

font non feulement deraifonnables, mais auffi ridicules: Quoy qu'il en foit, ni les raifons ni l'Authorité des Papes, ni le confentement unanime des plus grands & des plus illuftres efcrivains de la Communion de *Rome*, qui tachent tous d'eftablir cette propofition, & de faire recognoiftre cette Authorité extravagante qu'ils attribuent au Pape: Toutes ces chofes, dis-je, ne fuffifent pas pour prouver qu'il ait effectivement une Authorité de cette nature: Et ces paffages que j'ay rapportés, je les ay cités, non pour prouver cette Authorité; mais pour prouver feulement qu'elle fait un des points de la Doctrine de l'Eglife Romaine, (ce qui eft mon feul but,) & pour montrer, que quoy que les Papiftes ne puiffent pas y reuffir, cependant ils auroient beaucoup de joye de la pouvoir faire paroiftre Probable, & de nous obliger à la croire.

6. De plus de cette Authorité illimitée du Pape ils tirent une nouvelle Doctrine, qu'ils font hautement & publiquement profeffion de recognoiftre: Je veux dire, la puiffance *de depofer les Roys*; d'abfoudre leurs fujets de tous les Sermens de fidelité, & de difpofer de leurs Royaumes. Pour preuve de cela, confiderons,

1. Que fi nous voulions citer fur ce fujet des Autheurs particuliers de leur Communion, nous entreprendrions un ouvrage egalement ennuyeux & inutile. *Bellarmin, Emanuel Sà, Suarés, Mariana, Turrecremata, &c.* les Canoniftes, les Cafuiftes, les Scholaftiques, les Sommiftes, les Jefuites, &c. font fi non tous, du moins pour la plus part, d'une mefme opinion fur ce fujet; & il eft fi vray qu'ils advancent & qu'ils recognoiffent tous, *Que le Pape peut depofer les Roys,&c.* qu'il ne faut qu'avoir leu ces Autheurs pour en eftre convaincu. Ainfi je me contenterai d'en citer icy deux ou trois, pour vous donner un crayon ou un effay de cette doctrine impie, qu'ils recognoiffent, qu'ils fouftiennent, & qu'ils defendent tous autant qu'il leur eft poffible. 1. Donc *Celfus Mancinus,* un favant Chanoine regulier de l'Ordre de St. *Auguftin,* nous dit, Qu'il (*x*) eft MANIFESTE A TOUS, QUE LES EMPEREURS SONT, & peuvent eftre DEPOSEZ &

(x) Confpicuem eft OMNIBUS à fummo Pontifice, DEPONI, PRIVARI PRI-

QUE Imperatores, idque non TANTUM ratione eorum quæ ad FIDEM fpectant ; verum etiam & eorum quæ ad MORES & JUS CIVILE fpectant. *Celfus Mancin. De Juribus Principatuum, lib. 3. cap. 3. pag. 76. Romæ 1596.*

(y) *Bzovius de Pont. Rom. cap. 46. p 621. col. 2. Col. Agripp. 1619.* 1. Poteftas fecularis fubdita eft fpirituali, ita ut, non fit judicium ufurpatum, fi Poteftas fpiritualis de Temporalibus judicet. 2. Papa fummam habet Poteftatem etiam in Reges & Principes Chriftianos, qui eos corrigat, officio amoveat, & in loco eorum alios conftituet. 3. Papa poteft Regem propter Hærefin, Schifma, crimen intolerabile in populo, negligentiam aut focordiam, fi juramento dato in rebus graviffimis non fatisfecerit, aut Ecclefiam opprimeret, DIGNITATE REGIA EXUERE.

PRIVEZ de leurs eftats PAR LE PAPE, & cela *non* SEULEMENT POUR *des chofes qui regardent* LA FOY, *mais auffi pour des chofes qui regardent les* MOEURS & *les* LOIX CIVILES : & *Bzovius* nous dit encore plus nettement comme font la plus part des autres, 1. (y) *Que la puiffance feculiere eft* SOUMISE *à la* SPIRITUELLE. *Deforte que ce n'eft pas une ufurpation, fi la Spirituelle* JUGE *la Seculiere.* 2. *Que le Pape a une* PUISSANCE SOUVERAINE *fur tous les* ROYS & *fur tous les* PRINCES *Chreftiens* ; & *qu'il peut les* CORRIGER & *les* DEPOSER & METTRE D'AUTRES *en leur* PLACE. 3. *Que le Pape peut* PRIVER *un* ROY, *de fa Dignité Royale, pour* HERESIE, *pour* SCHISME, *pour quelque crime infupportable ; pour fa negligence ou pour fa pareffe ; s'il fauffe fon ferment dans des chofes de confequence ; s'il opprime l'Eglife, &c. Deforte que dans toutes ces occafions, que noftre*

Autheur fpecifie, & il y en a 8 ou 9, *Le Pape peut depofer un Prince Souverain* ; Et le Pape luy mefme, eft le SEUL JUGE *du* CRIME, & le feul arbitre de la Condamnation. Et pour prouver tout çela, *Bzovius* nous donne 1. un (z) Catalogue de plus de 30 Princes ou Roys, qui ont efté actuellement (& *de facto*) depofés par le Pape, & condamnés par fes Excommunications

(z) *Bzovius loco citato, p. 611, 612, &c.*

cations & parſes Anathemes.

2. Il cite le Canon d'un (*) de leurs Conciles generaux, dont nous parlerons dans la ſuite, & plus de cent illuſtres autheurs de leur Egliſe, qui defendent & qui ſouſtiennent cette Doctrine impie. 3. Il adjouſte de plus, qu'une multitude INNOMBRABLE de MARTYRS ANGLOIS, ſuivant *Edmond Campian* leur Chef, (un ſcelerat qui fut condamné & executé pour crime de (t) leze Majeſté) a ſouſtenu cette meſme opinion, & qu'ils l'ont defendue avec leurs plumes, & avec leur ſang. *INNUMERABILES etiam ANGLICANI MARTYRES*, dit il, *Edmundum CAMPIANUM SECUTI, pro PRIMATU Romani Pontificis, ab* Hen. 8. & Elizabetha *cæſi, Sanguine profuſo, & ſtilo exerto, idem docuerunt*: Par ou il paroiſt que dans l'Egliſe Romaine, la Doctrine de la puiſſance du Pape à l'egard de la Depoſition des Roys, eſt un Article de foy; qu'elle doit eſtre reçeüe comme une verité Divine: & que ceux qui meurent en la defendant, ſont de veritables Martyrs: Car Campian paſſe pour un (*) ILLUSTRE MARTYR.

Ces Maximes, que des Autheurs Papiſtes advancent & ſouſtiennent hautement & avec tant d'aſſurance, meſme dans des livres mis au jour, & ſans que l'Egliſe dont ils ſont les membres les condamne ou les cenſure; paroiſtront ſans doute horribles & impies, à tout ce qu'il y a de Chreſtiens raiſonnables & de ſujets fideles; Mais ce n'eſt pourtant pas tout, & je vous decouvrirai encore de plus grandes abominations. Un de leurs (a) *Autheurs*, eſcrivant contre le

---

(*) *Ibid.* p. 619, 620, 621.

(t) *Il fut juſtement executé pour ce crime en l'an 24. de la Reyne* Elizabet, *c'eſt à dire en* 1581. *Voy la vie de cette Reyne par* Cambden. *lib.* 3. *p.* 239, 240. *Edit. Angl.*

(*) *MARTYR CHRISTI INCLITUS & ſui ſeculi CLARISSIMUS. Petr. Ribadeneira in Catologo ſcriptorum Religionis Societatis Jeſu, in Edmundo Campiano. Le* Jeſuite Parſon *dit la meſme choſe de* Garnet *dans la diſcuſſion de la Reponſe de* Guil. Barl *p.* 22, 23.

(a) Gaſp. Scioppius In Roy

Ecclesiastico Jacobo Mag-
næ Britanniæ Regi oppo-
sito, c.139.p.502.Ed.1611.

Roy *Jacques* d'heureuse memoire, dit,

1. Que *dans le SENTIMENT des CATHOLIQUES,*
la Puissance *du Pape, n'est pas une puissance sim-*
plement Ministerielle, mais qu'elle est aussi une pu-
issance IMPÉRIALE. Non tantum MINISTERIO,
dit il, *sed & IMPERIO PAPAM præsidere CRE-*
DUNT. Et cette puissance
du Pape est (b) *SOUVE-*
RAINE, Desorte qu'il a
droit d'exhorter & de CON-
TRAINDRE; & mesme
il a *PUISSANCE de VIE*
& de MORT. Et pour
en donner la raison, il adjoute, (c) *Que le PAPE*
est le SOUVERAIN VI-
CAIRE de DIEU; Que
l'*Empereur est le SOUVE-*
RAIN ADVOCAT de
l'Eglise; & qu'il n'y a
RIEN *au monde, de PLUS*
HONORABLE pour un
Roy. (Certes les Roys luy
sont fort obligés de l'honorable Office qu'il leur
donne) *Le PAPE,* poursuit
cet autheur, *est LE CHEF*
du Corps de Christ; l'Empereur & les Roys en *sont*
les BRAS & les MA-
INS: Il y a donc de la
FOLIE à dire, Que la
TESTE n'a point d'EM-
PIRE sur les BRAS.
Le Pape, qui est le Chef &
le faiste du corps Ecclesiastique, est gouverné par
l'IN-

(b) *Penes Papam in Ec-*
clesia SUMMUM IMPE-
RIUM, Potestas SUM-
MA, tam dirigendi quam
COGENDI, jus etiam VI-
TÆ & NECIS residet.
Ibid.cap.138.p.496.
(c) *Papa est SUMMUS*
DEI VICARIUS, Cæ-
sar SUMMUS Eccle-
siæ ADVOCATUS, quo
NIHIL ULLI REGI am-
plius aut HONORIFI-
CENTIUS esse potest; Pa-
pa CAPUT est corporis
Christi; Cæsar ac Reges
sunt BRACHIA seu MA-
NUS. Itaque insania est di-
cere, nullum capitis in bra-
chia imperium esse; Papa qui
est caput & vertex Ecclesi-
astici corporis, Spiritûs san-
cti inspiratione regitur, BRA-
CHIA nihil facere possunt,
nisi quod ad Corporis victum,
amictum ac protectionem per-
tinet, quorum omnium regi-
men ac præscriptum, quin
penes Caput sit, & inde ad
Brachia derivetur, Dubitare
Paulus vetat, Col. 2. 19.
Itaque si Reges non nutriant

l'INSPIRATION du saint Esprit. Les BRAS ne peuvent que nourrir, vestir & defendre le corps: & l'apotre nous declare, que la direction & le gouvernement de ces choses appartiennent à la teste, qui les derive aux BRAS: Si donc les Roys ne nourrissent pas le corps, ou s'ils ne luy donnent pas le vestement: Si les BRAS ou les MAINS ne font pas leur devoir, Ils peuvent estre COUPEZ par le Commandement de la TESTE, comme des Membres inutiles. Ce sont là les Paroles de *Scioppius,* ou du moins leur explication en françois.

nec vestiant corpus, ----Si Brachii aut manus munere non fungantur, nec teneant Caput,----ut membrum inutile, CAPITIS IMPERIO AMPUTENTUR. ibid. cap. 241. p. 511. *Si vous en souhaittés d'advantage sur le sujet de la Deposition des Roys par le Pape, vous pouvés voir le Card.* Baronius, qui en cent endroits differents deffend & soutient cette Authorité, & en mesme temps en approuve & en loüe la pratique. *Voyés ses Annales* ad annum 593. num. 8. & ad annum 730. num. 5.

Desorte que selon cette Doctrine de l'Eglise Romaine, le Pape estant le chef du corps, peut quand il luy plaira, car il est le seul Juge Souverain dans cette occasion, Il peut dis-je, retrancher les Roys & les Empereurs, qui ne font que les Mains ou les Bras de ce corps: Et cependant l'Impudence de cet autheur est si grande, qu'il n'a pas honte de dire, & mesme de le mettre en marge, afin que tout le monde le puisse voir, *Que cette grande puissance* du Pape, n'est (d) *POINT DU TOUT dangereuse pour les Princes, & qu'elle ne leur est nullement prejudiciable.* Mais ce qui est arrivé pendant les 6. derniers siecles, suffit pour le dementir : Je veux dire, Que les frequentes Excommunications & les depositions reiterées de Roys & d'Empereurs, qui se sont faites pendant ces 6. siecles, ne font que des témoins trop funestes & trop veritables des consequences

(d) *Summa Papæ potestas NIHIL PRORSUS PERICULI ADFERT REGIBUS.* Id. cap. 141. p. 512.

quences dangereuſes de cette Doctrine. Et en meſme temps elles nous font voir ce que nous devons craindre pour l'advenir, & quelles malheureuſes ſuites cette Doctrine peut avoir; ſi les Princes, qui y ſont intereſſés; Si les ſujets qui aiment leurs Roys, & qui content leur propre conſervation pour quelque choſe, n'en previenment les funeſtes effets. Un habile homme diſoit, que les Princes Proteſtans pouvoient eſtre trop en repos, mais qu'ils ne pouvoient jamais eſtre trop en ſeureté, tant qu'il y auroit un Jeſuite dans leurs Eſtats. De *Thou* parlant de la fin Tragique de *Henry* III. & de *Henry* IV. que leur trop de confiance les empechoit de prevoir, ou de craindre, Blame cette bonne foy & adjoute ces paroles, PRINCES INFORTUNEZ CONTRE LESQUELS ON NE CROIT POINT QU'IL Y AIT DE CONSPIRATION, QUE LORS QU'ILS SONT TUEZ. *Principes Miſeros, Quibus de Conjuratione non Creditur, niſi Occiſis.* Mais pour continuer,

(e) *Jacob. Simanca Enchir. Judicum Tit. 67. Sect. 12. p. 349. Antw. 1573.* HÆRETICI PRIVATI SUNT OMNI DOMINIO & *Juriſdictione, & EORUM SUBDITI ab eis LIBERI ſunt, quod & REGES & alios rerum Dominos comprehendit.*

2. *Jacques Simanca,* (e) un de leurs Autheurs, & un ſavant Eveque, dit une choſe ſur la quelle tous les Princes Proteſtans doivent faire de ſerieuſes reflexions, & juger en meſme temps ce qu'ils doivent attendre du Pape, ſi jamais il avoit le pouvoir & les moyens de mettre ſes maximes dangereuſes en Pratique. Cet Eveque nous dit donc, Que *les Heretiques,* (& il nous eſt aiſé de deviner qui ſont ceux qu'il marque par cette rude expreſſion) ſont actuellement PRIVEZ de TOUS leurs ESTATS, *& de toute leur JURISDICTION; & que leurs SUJETS ſont DISPENSEZ de l'OBEISSANCE* qu'ils leur doivent: Et que *cela comprend les ROYS, & les AUTRES SEIGNEURS.* C'eſt ainſi que s'explique *Simanca.* Mais cette opinion ne lûy eſt pas particuliere; Car 1. Il la prouve formellement

ment par un Decretale du Pape *Gregoire* IX, qui se trouve dans le corps du (f) Droit Canon. 2. Il cite (g) *Alphonse de Castro*, qui prouve l'opinion de *Simanca* par des preuves & par des tesmoignages incontestables

(f) Cap. absolutos 16. extra de *Hæreticis*.

(g) Alph. à Castro, *de justâ Hæreticorum Punit.* lib. 2. cap. 7. &c.

tirés de plusieurs Autheurs, des plus illustres de la Communion de Rome. 3. Il faut aussi considerer, Que le livre de *Simanca* est privilegié, & qu'il a esté imprimé avec permission & par authorité publique; comme aussi avec l'approbation & les applaudissemens du *Censeur des Livres*, qui estoit alors le savant *Ben. Arias Montanus*, qui *dit, qu'il l'a leu,* (h) *& qu'il l'a jugé TRES UTILE, pour la cognoissance & pour la PRATIQUE de TOUT le sujet; & qu'il n'y avoit RIEN dans ce livre, qui fust CONTRAIRE à la FOY de l'Eglise CATHOLIQUE.* ainsi de l'aveu mesme de ce grand homme, Cette doctrine detestable de l'Eglise Ro-

(h) Valdè utilem esse censeo ad TOTIUS Argumenti suscepti cognitionem, & PRAXIM, NIHILQUE continere, quod CATHOLICAM FIDEM offendat. Ideoque DIGNUM Judico, ut ad MULTORUM UTILITATEM TERTIO, & etiam SÆPIUS edatur. Ce sont les paroles d'Arias Montanus dans la permission qu'il a donnée d'imprimer le livre de Simanca.

maine, qui enseigne que le Pape peut deposer les Roys Heretiques, & absoudre leurs sujets du serment de fidelité, ne choque point leur foy Catholique, & ne luy est pas contraire : *C'est pourquoy,* adjouste-t-il, *Je le JUGE DIGNE d'estre imprimé pour la TROISIEME fois, & plus SOUVENT, pour L'UTILITE de PLUSIEURS.* Desorte que cette Doctrine, *Que les Roys Heretiques peuvent estre privés de tous leurs Estats par le Pape; & que leurs sujets peuvent estre absous de leurs sermens de fidelité;* est approuvée non seulement par *Simanca,* par *Alphonse de Castro,* & par *Arias Montanus,* trois grands & savans hommes de là Communion de Rome, mais aussi par leur

Droit

Droit Canon, & par la Decretale du Pape *Gregoire IX.*
Et il est de plus à remarquer, que cette Doctrine,
quelque impie & quelque detestable qu'elle soit, n'est
condamnée par aucun *Indice Expurgatoire* (du
moins que j'aye encore veu,) ni dans *Simanca,* ni
dans aucun de ceux qui l'advancent & qui la defendent hautement.

§. Je n'en citerai plus qu'un tesmoignage, quoy qu'il
me soit aisé d'en citer un Cent, & c'est celuy d'un
fameux *Jesuite,* qui nous dit en termes formels,
ce que sa Societé a tousjours *creu,* & *ce que
plusieurs* de ses membres, ont *pratiqué & pratiquent
encore* ; Que (i) *LORS
qu'un ECCLESIAS-
TIQVE se revolte contre
son ROY, ce n'est pas un
CRIME de LEZE-MA-
JESTE ; par ce que les
ECCLESIASTIQVES ne
sont pas ses SUJETS.* Et

(i) *Clerici Rebellio in Re-
gem non est crimen læsæ
Majestatis, quia Clericus
non est Regi subditus.* Eman.
Sà Aphorism. Confess. verbo
Clericus, p. 41. Col. 1599.

cette opinion n'est pas une opinion particuliere de ce
Jesuite ; Car elle est extremement louée & approuvée par les *Censeurs des Livres,* au *commencement* (k) *&* à la (l) *fin*
de ce livre : Et un savant
homme (m) dit, qu'elle
fut hautemens louée &
approuvée à Rome : De-
sorte que si le tesmoignage de tant d'eminens au-
theurs Papistes peut estre
de poids en cette occasi-
on, comme assurement il
le merite, il est constant,
Que cette Doctrine impie
& detestable est approu-

(k) *Opus Theologis, OM-
NIBUSQVE animarum cu-
ram habentibus UTILE ac
NECESSARIUM.*
(l) *Hi Aphorismi DOC-
TI sunt ac PII, MVL-
TAMQVE utilitatem al-
laturi.*
(m) Jac. Leschassier Ope-
rum p. 421. Edit. Paris.
1652.

vée & reçeüe dans l'Eglise de Rome. Mais quoy
que je vous aye dit, que je ne citerois plus d'autheurs pour faire voir manifestement une verité
aussi

auſſi claire & auſſi evidente que l'eſt celle là ; Cependant j'en adjouſteray encore deux, qui meritent quelque conſideration, & dont l'Impieté excede, ſi pourtant cela eſt poſſible, celle des precedens.

1. Donc un grand (n) Juriſconſulte de cette Communion, en souſtenant la puiſſance du Pape advance & tache de prouver ces Propoſitions impies & erronées ;

(n) Phil. Maynard, de Privilegiis Ecclesiaſt. dedié au Pape *Paul* V, & imprimé à *Ancone* en 1607.

1. *Que l'Empereur & les Roys ſont ſujets du Pape.*

2. *Que l'Empereur & les Roys peuvent eſtre depoſés par le Pape, pour Hereſie, ou pour quelque autre grand peché.*

3. *Que le Pape a une puiſſance qui s'eſtend par tout le monde, & que cette puiſſance eſt auſſi bien dans les choſes* TEMPORELLES *que dans les Spirituelles : Et qu'il a cette puiſſance* TEMPORELLE *d'une maniere plus digne, plus relevée & plus parfaite que ne l'ont les Princes Seculiers.*

4. *Que les Ordonnances faites par les Puiſſances Seculieres, ne ſont point obligatoires pour le Clergé.*

5. *Que le Pape eſt Vicaire de Dieu, & eſt preferé à toutes les autres Puiſſances, comme* DIEU MESME *: & qu'ainſi* TOUTES les CREATURES LUY SONT SOUMISES.

6. *Il eſt de neceſſité de ſalut d'eſtre ſujet au Pape, & qui-*

1. *Imperator ſubeſt Papæ, ut & Reges.* Art. 5. Sect. 19, 21.

2. *Imperator & Rex ratione fidei & peccati gravis poſſunt à Papâ deponi & privari.* Ibid. Sect. 23.

3. *Papa habet poteſtatem in toto Orbe, in Spiritualibus & Temporalibus ; & in Temporalibus modo digniori, ſuperiori, & perfectiori quam habent principes ſeculares,* ib. Art. 6. Sect. 1. & Sect. 2.

4. *Statuta Laicorum non obligant Clericos.* Art. 13. Sect. 9.

5. *Vicarius Dei omnibus poteſtatibus præponitur,* SICUT IPSE DEUS, & PAPÆ SUBEST OMNIS CREATURA, ibid. art. 6. Sect. 11, 12.

6. *Pape ſubeſſe eſt* DE NECESSITATE SALU-

conque

TIS, & contrarium affe-rens, NON POTEST DI-CI CHRISTIANUS, ibid. Sect. 13.

(o) Cap. Unam fanctam, de Major. & Obed. Int. Extrav. Com.

conque affure le contraire n'eft PAS CHRESTIEN.

Il tire tout cela du (v) *Droit Canon*, & de la De-cretale du Pape *Boniface* VIII. Deforte que par cette Doctrine impie &

peu Charitable, Rome *nie que les Proteftans, Roys, Princes, particuliers, foient Chreftiens*, & par confe-quent elle les croit *abfolument damnés*, fans efperance & mefme fans poffibilité de *falut*. Cependant pour paffer les autres fous fi-lence, leurs (p) *Canoni-ftes*, & la plus part (q) des Jefuites, ou mefme generalement tout (r) leur corps, approuvent & fouftiennent cette do-ctrine : Et le Pape & le (s) *Concile* la confirment & l'eftabliffent. Mais que cette *Theologie damna-ble*, que l'on appelle *fauf-fement Catholique*, *foit tant qu'elle voudra la Theo-logie de Rome, elle n'eft pourtant pas celle de Je-fus Chrift.* Que Rome vante fa foy Catholique, comme elle le fait ordi-nairement ; Pour moy, je ne puis jamais avoir bonne opinion de la foy de ces gens qui ont fi peu de cha-rité, & qui damnent tous les hommes, horfmis eux mefmes.

(p) Vid. Gloffam ad di-ctum cap. unam fanctam, & Card. Turrecrematum fumma de ecclefia. lib.4 Part.2. pag. 409.

(q) Vid. Bellarm. de Pon-tif. Rom. lib.5. cap.7. Sect. item, & Sect. fic enim.

(r) Voy l'apologie des Jefuites publiée en l'an.1595 fons ce Titre, *la verité de-fendue.*

(f) Vid. Sanction. Prag-mat. (Paris 1613. in quar-to) p. 1042. & Concil. La-teran. fub *Leone X.* Seff. 11. apud Binium, Tom. 9. Con-cil. p. 153. A. & c'eft un Article de leur NOUVE-AV CREDO inventé a *Trent* ; Que l'on doit *ren-dre Jefu Chrifti Vicario Pontifici Romano,* VERAM OBEDIENTIAM, (& par confequent luy eftre fou-mis) EXTRA QUAM NULLUS SALVUS ESSE POTEST, auffi tous leurs Ecclefiaftiques jurent & promettent
folem-

solemnellement de croire cet article. Vid. Bullam Pii IV. super formâ Profeſſionis Fidei, in Concil. Trident. Seſſ. 25.

2. (t) *Staniſlaus Ozichovius* en exaltant la grandeur & la puiſſance du Pape, s'exprime en des termes egalement injurieux à la perſonne des Roys, & à la Majeſté de Dieu, & indignes de ſortir de la plume d'un Chreſtien raiſonnable : (u) Le PRESTRE, dit il, *eſt au deſſus du* ROY, *autant que* l'HOMME *eſt au deſſus de la* BESTE : *Et,* adjoute-t-il, CELUY QUI PREFERE LE ROY AU PRESTRE, *prefere la* CREATURE *au* CREATEUR. C'eſt là certes une eſtrange Doctrine : Cependant elle eſt approuvée à Rome, où tout au moins elle n'y eſt pas condamnée : Auſſi ces Maximes & ces Opinions qui abaiſſent la puiſſance & la dignité Royale, & qui eſlevent & eſtabliſſent l'Authorité Souveraine du Pape ne ſont que rarement Cenſurées à Rome, ou meſme ne le ſont jamais ; cequi me fait avoir cette penſée ; c'eſt que je vois que (x) l'Indice *Expurgatoire d'Eſpagne* cenſure quelques autres choſes qui ſe trouvent dans cet autheur ; mais pour ce qui regarde le paſſage dont il s'agit, il n'y touche point du tout & meſme n'en fait pas mention.

(t) Staniſlaus Ozichovius in Chimæra, p. 99.

(u) *Sacerdos præſtat Regi quantum* HOMO *præſtat* BESTIÆ. *Qui Regem præfert Sacerdoti,* CREATURAM *anteponit* CREATORI, *loco citato.*

(x) Index Expurgatorius Hiſpanicus in Staniſlao Ozichovio.

Mais paſſons ces teſmoignages particuliers des autheurs Papiſtes, qui ſouſtiennent hautement & qui tâchent adroitement de defendre cette Doctrine ſeditieuſe, *Que les Roys peuvent eſtre depoſés & tués par le Pape ou par le peuple ;* & cherchons en qui ſoient d'un plus grand poids, & d'une authorité plus recognue meſme dans l'Egliſe de Rome, je mets entre ces teſmoignages authentiques,

D

x Leur

(*y*) *Decretum Gratiani EMENDATUM, juſſu Gregorii XIII. Editum, juxta exemplar ROMANUM DILIGENTER RECOGNITUM.* Paris 1612.

(*z*) Gregor. Papa XIII. in Bullâ corporis juris Canon. præfixa. Dat. Romæ, 1580. anno Pontificatus ſui 9.

1. Le (*y*) *Droit Canon,* que l'Egliſe Romaine approuve & reçoit comme la regle des jugemens ; & qui eſt ſuivi dans toutes leurs Cours ou dans leurs Tribunaux, & dans tous leurs Conſiſtoires. Je citerai la meilleure Edition de ce droit, qui a eſté corrigée & approuvée, & imprimée par le commandement du Pape, qui ſans doute eſtoit infaillible, (*z*) *Nos providere volentes,* dit ce Pape, *ut hoc jus Canonicum ſic EXPURGATUM ad OMNES CHRISTI FIDELES SARTUM perveniat, ac ne cuiquam liceat operi QUICQUAM ADDERE, vel IMMUTARE, aut INVERTERE : ſed prout in urbe noſtra Româ, nuper impreſſum fuit, perpetuo integrum & INCORRUPTUM conſervetur.* Ce meſme Droit Canon qui eſtoit ainſi *purgé & corrigé* afin qu'il puſt eſtre reçeu par TOUS LES FIDELES, comme nous le dit le Pape, qui s'il eſtoit infaillible ne pouvoit pas dire une fauſſeté, & s'il eſtoit ſeulement honneſte homme il n'euſt pas voulu en dire une ; ce droit Canon, dis-je, contient ce qui ſuit :

I. Que le Pape peut depoſer les Princes, & enſuite abſoudre ſujets de leur ſermens de fidelité, (*a*) A FIDELITATIS *etiam* JURAMENTO, *Romanus Pontifex nonnullos* ABSOLVIT, *cum aliquos* A SUA DIGNITATE DEPONIT. Après avoir poſé cela pour loy ; le droit Canon pourſuit en ces termes qui ſuivent immediatement ;

(*a*) Vid. Can. Authoritatem 2. Cauſ. 15. Quæſt. 6. Part. 2.

II. Qu'un

II. *Qu'un (b) autre Pape (Zacharie) deposa le Roy de France (Chilperic) non tant pour SES PE-CHEZ; que par ce qu'il estoit INCAPABLE de soustenir le poids de la Dignité Royale, & qu'ensuite il DISPENSA TOUS LES FRANÇOIS du serment de fidelité. Aprés quoy il suit, Que la Sainte Eglise (& par la il faut entendre le Pape) a accoustumé par une authorité appuyée de frequens exemples, d'absoudre ainsi les sujets des sermens qu'ils peuvent avoir prestés à leurs Souverains.*

(b) *Alius autem Rom. Pontifex, Zacharias scilic. Regem Francorum, non tam pro suis iniquitatibus, quàm pro eo, quod tantæ potestati erat inutilis, à REGNO DEPOSUIT, omnesque Francigenos à JURAMENTO FIDELITATIS, quod illi fecerunt ABSOLVIT. Quod etiam ex AUTHORITATE FREQUENTI facit Ecclesia.* Ibid. Can. Alius 3.

Ce Canon est celebre & merite bien que nous nous y arrestions un peu. Permettés moy de faire les remarques suivantes.

1. Que la Glose (dont *Jean Semeca* un fameux Canoniste estoit autheur) dit, Que le Pape *Gelase* soutint la Doctrine de la Deposition des Empereurs: (c) *Gelasius Papa scribens contra Anastasium Imperatorem, dicit,* QUOD POTEST EUM DEPONERE PROPTER *malitiam suam,* &c.

(c) *Glossa ad dictum Canonem, verbo Alius.*

2. Que dans les (d) anciennes Editions du droit Canon; le Titre de ce *Canon* estoit *Gelasius Papa Anastase Imperatori;* Mais que dans les dernieres (e) Editions, ce Titre est changé, & porte à present, *Pontificalis authoritas* A JURA-MENTO FIDELITATIS *nonnullos* ABSOLVIT,

(d) Edit. Paris. 1519. &c.

(e) Edit. Lugduni, 661. &c.

unde

unde Gregorius Papa. Il est vray que celui qui a fait les (*f*) annotations, nous dit, Que *Gelase* ne pouvoit pas parler de la Deposition du Roy de France;

(f) Vid. Notam ad dictum Can. *Alius*; in Edit. recentioribus.

puisque ce Pape estoit mort plus de 240. ans avant que *Chilperic* (ou *Childeric*, car on l'escrit des deux manieres) regnast. Mais ils disent que les paroles de ce *Canon* se trouvent dans les (*g*) Epitres du Pape *Gregoire VII*, & que par consequent ils ont

(g) Gregor. VII. Regist. lib. 8, Epist. 21.

raison de les rapporter à ce Pape, comme à leur veritable autheur. Il m'est assés indifferent du moins à l'egard de mon sujet, que ce soit à *Gelase* ou à *Gregoire* qu'on l'attribue. Tous-jours tombe-t-on d'accord, qu'un Pape est l'autheur de ce *Passage seditieux* ; *Gratian* l'insere dans le corps du *droit Canon*, & *Gregoire* (*h*) XIII. l'approuve, le confirme, & le ratifie, conjointement avec tout le corps de ce droit Canon, les Gloses, & les Annotations. D'ou nous

(h) Vid. Bullam Gregorii 13. Dat. Rom. 1 Jul. 1580. Corpori Jur. Canon. præfixam.

pouvons raisonnablement conclure, Que bien loin que cette Doctrine impie & seditieuse, *que les Papes peuvent Deposer les Roys, & absoudre les sujets du serment de fidelité,* soit, comme quelques uns le pretendent, *desadvouée* ou *detestée* par tous les Papistes; au contraire l'authorité Souveraine de l'Eglise de Rome, l'a non seulement approuvée & confirmée, mais mesme elle l'a passée en loy. Et icy vous pouvés remarquer, que quoy que *Gratian* & le Pape *Gregoire* disent, que c'est *Zacharie* qui a deposé le Roy *Childeric* ; cependant un Historien (*i*) plus ancien, & plus digne de foy qu'aucun d'eux, non obstant l'infallibilité de *Gregoire,* nous

(i) Eginhardus in vitâ Caroli Mag. p. 4, 5. Edit. Colon. 1521. dit, ---*Hildericus Rex, JUSSU STEPHANI,* nous dit que ce fut le Pape *Estienne* Successeur de *Zacharie, qui Deposa ce Roy.* Quoy qu'il en soit, tout le monde est d'accord sur cet article, qu'un Pape l'a fait ; & il importe peu si celuy ci est autheur de cette impieté, ou si on l'a doit attribuer à un autre.

Romani Pontificis depositus est. Cette action impie du Pape *Estienne* a esté approuvée & mesme imitée par plusieurs de ses successeurs. *Bzovius* que nous avons de acité nous donne une Liste de plus de 30. Roys ou Princes, qui ont esté deposés & excommuniés par les Papes.

3. Lors que le Canon dit, que le Roy de France fut deposé, parce qu'il estoit INUTILIS, &c. la Glose explique le sens de ce mot, ------*Non intelligas INUTILIS,* dit elle, *id est INSUFFICIENS, tunc enim ei dari debuit Coadjutor : sed quia DISSOLUTUS erat cum (*) MULIERIBUS, & EFFOEMINATUS..*

(*) *Ipse Papa Pater Patrum Putativus : sed filiorum VERUS Pater, quod, qui nepotes ejus, omnes nerunt.* Il Nepotisino pag. -----

4. Lorsque ce Canon dit, *Que le Pape deposa le Roy de France ;* la Glose (*k*) argumente, *Ergo Papa deponit Imperatorem.* Et de peur que l'on ne passast legerement sur cet en droit ; l'on trouve à present ces paroles, (IMPERATOR POTEST A PAPA DEPONI.) en marge dans les meilleurs Editions de leur droit Canon ; (*l*) dans ces Editions, dis-je, qui ont esté corrigées, reveües & purgées (par le commandement du Pape Gregoire,) de tout ce que de mechans hommes avoient inseré dans le texte ou dans la marge, de contraire à la foy Catholique Par ou il paroist,

(k) *Glossa ad dictum Can. Alius* 3. verbo, *deposuit.*

(l) *Cum his quæ ab impiis scriptoribus extrà in Margine, vel intra aspersa fuerunt Catholicæ veritati contraria, revidendi, corrigendi, expurgandi, curam demandavimus.* ---*JAM TOTUM EMENDATUM.&c.* in Bullâ dictâ Gregorii 13.

qu'au

qu'au sentiment du Pape *Gregoire*, cette *Doctrine* & cette opinion *impie*, quelque contraire qu'elle soit à la *veritable foy Chrestienne* n'est pas contraire à la FOY de l'Eglise ROMAINE ; puis qu'elle se trouve eu termes formels dans ces Gloses & dans ces Canons ; dans lesquels, dit leur Juge Souverain & infaillible, il n'y a RIEN qui soit (VERITATI CATHOLI-CÆ CONTRARIUM,) contraire à la Veritable Doctrine de l'Eglise Catholique ; Et cette Doctrine, *Que le Pape peut deposer les Roys*, n'est pas une opinion particuliere de ce Pape : Car ayant esté approuvée par leurs Papes & par leurs Conciles Generaux, comme vous verrés cy aprés, & ayant esté reçeue pendant plusieurs siecles parmi leurs *Sacrés Canons*, (comme ils les appellent) elle est devenue *une article necessaire* & indispensable *de leur Foy* ; & si on ne la croit point il n'y a pas de *salut* : aussi *tout leur Clergé seculier, les Archevesques, les Evesques, &. tous ceux qui ont charge d'ames ; tous les Muynes*, (du moins leurs Chefs & leurs directeurs) sont obligés de *jurer solemnellement* cet article.

(m) Un Article de la Profession de foy du Concile de *Trente* porte ces termes. *Item OMNIA à sacris CANONIBUS & œcumenicis Conciliis definita, INDUBITANTER recipio & confiteor--- Hanc Catholicam fidem extra quam non est SALUS profiteor, & ab ALIIS teneri, quantum in me est curabo.* Ce sont la les paroles de cette confession de Foy, in bullâ dictâ Pii Papæ 4. Concil. Trident. sess.25.

(n) Car *ils jurent & promettent de recevoir & de recognoitre sans aucunedoute, TOUTES LES CHOSES decidées & declarées dans les SACREZ CANONS, & dans les Conciles Generaux ; & de les faire aussi recevoir aux autres autant qu'il leur sera possible*. Desorte que tous leurs Ecclesiastiques, & sur tout ceux qui ont quelque charge d'ames ; non seulement croyent cette ·Doctrine impie *de la puissance de deposer les Roys*, mais mesme jurent solemnellement de la CROIRE & d'en FAIRE PROFESSION, & d'engager autant qu'il leur sera possible, les autres à en faire de mesme.

Certes

Certes les conſequences dangereuſes de cette doctrine
ne ſont que trop viſibles ; & les Tragiques & frequens Exemples de Roys depoſés par des Papes pendant les 6. derniers ſiecles, ne ſont que des preuves
trop convainquantes, combien ces Principes ſont dangereux & combien ces perſonnes qui font ſerment
de les croire & de les advancer ont eſté prejudiciables aux Princes & aux Roys par le paſſé ; & nous,
ou noſtre poſterité nous ne verrons & nous ne ſen-
tirons que trop malheureuſement & que trop toſt,
combien ils peuvent eſtre pernicieux à l'advenir, ſi
on n'en previent les effets avec tout le ſoin & avec
toute la prudence poſſible. *Mais Dieu qui eſt miſeri-
cordieux, & qui peut ſeul nous mettre à couvert de ces
malheureuſes ſuites, veuille detourner de deſſus nos
teſtes un ſi funeſte préſage.*

5. Enfin ſi nous conſultons un des plus grands & des
plus ſavans hommes de cette communion, je veux dire le
Cardinal *Turrecremata,*
(n) qui entendoit par-
faitement bien leurs Ca-
nons Sacrés, & qui de-
voit ſavoir quel eſtoit le
ſens que Rome leur don-
noit, nous trouverons qu'il
advance dans ſon commen-
taire ſur le Canon que nous
avons cité, & qu'il tache
de prouver les propoſiti-
ons ſuivantes. (o)

(n) Johan. Card. de *Turrecremata,* ad Can. *alius* 3.
Cauſ. 15. Quæſt. 6. & in
ſumma de Eccleſia, lib. 2.
cap. 14. &c.

(o) *Voici les propres paroles.*

I. *Que le Pape peut DEPO-
SER l'Empereur ou un Roy qui
n'eſt pas ſujet de l'Empereur.*

II. *Que le Pape peut LEGITI-
MEMENT abſoudre les ſujets du
ſerment de fidelité.*

III. *Que le Pape peut Depoſer les Comtes, les Ducs, & les
autres Barons ſans le conſente-*

I. *Papa poteſt deponere Imperatorem, aut Regem, qui
non ſubeſt Imperatori.*

II. *Papa LICITE poteſt
abſolvere ſubditos à juramento fidelitatis.*

III. *Papa poteſt deponere
Comites, Duces, & alios Ba-
rones ſine conſenſu Impera-
ment*

torum aut Regum quibus subsunt.

IV. Subditi si habeant assensum Papæ possunt Regem deponere; & si Rex sit manifestus HÆRETICUS, potest ab Ecclesia deponi,

ment des Empereurs ou des Roys dont ils sont sujets.

IV. Des sujets ayans le consentement du Pape (lequel ils auront sans manquer s'il y va de ses interests) *peuvent deposer leurs Roys.* Il pousse cela plus avant & ajoute *que si le Roy est* manifestement Heretique (comme tous les Protestans le sont à leur compte) *alors l'EGLISE le peut deposer.*

Ces choses considerées, il est de l'interest de tous les Princes & de tous les Roys Protestans d'y prendre garde, & d'y pourvoir; eux, qui comme Heretiques, sont excommuniés & Anathematisés

(p) V. Bullam dictam à *Clemente* X. Editam anno 1671. 7. Cal. April & Pontif. sui anno 1. in Bullario Rom. Lugduni, 1673. p. 518. Sect. 1.

(p) tous les ans *le Jeudy Saint* dans la Bulle *de Cœnâ Domini.* Car si ceux de *Rome* avoient le pouvoir d'agir suivant leurs Principes, leurs Pretensions & leurs interests; ils auroient bientost fait une reformation promte & entiere, & contraint les Roys & les Princes Protestans ou Heretiques (comme ils les appellent perpetuellement quoy que sans raison) à quitter leur Religion, ou leurs Royaumes & leurs estats.

Il s'ensuit donc dela doctrine approuvée & receüe par l'*Eglise Romaine* que *les Roys & les Princes* peuvent estre *deposés, & que leurs sujets* peuvent estre *absous du serment de Fidelité:* Et pour confirmer ceque j'advance icy, nous *avons la Theorie & la pratique de cette Doctrine dans trois Papes, Zacharie, Gregoire* VII. *& Urbain* II; Nous avons aussi trois Canons (q) fondés sur cette *authorité Pontificale,* & receus dans le corps *du Droit Canon,* que vous pouvés consulter à loisir.

(q) V. Gratian. Can. alius 3. Can. *Nos Sanctorum* 4. & Canon *Juratos* 5. Caus. 15. Quæst. 6.

Si vous demandés à present *pour quels crimes* les Roys peuvent estre deposés par le Pape, si c'est seulement pour

Her

Herefie, car ils s'accordent tous fur ce point, ou s'ils peuvent auffi eftre depofés pour d'autres crimes ? *Jean Semeca* autheur de la Glofe fur *Gratian* nous donne *une reponfe nette & Categorique.* Car 1. il propofe (r) la queftion, *Pour quel peché l'Empereur peut eftre depofé ?* Qu'il puiffe eftre depofé, c'eft dans le droit Canon une verité inconteftable,& que l'on ne revoque point en doute, la Queftion eft donc feulement,Pour quels crimes il peut eftre depofé. Sa Reponfe eft (s) *Qu'il peut eftre depofé pour* QUELQUE CRIME QUE CE SOIT, *s'il eft* INCORRIGIBLE; *& non feulement pour des pechés actuels, mais auffi pour une impuiffance,* c'eft à dire, s'il eft (t) INCAPABLE *de fouftenir le poids de la Couronne,* & il prouve cela par un autre Canon. Telle eft *la malheureufe condition à laquelle les Roys & les Empereurs* font reduits par ce droit Canon; qu'ils peuvent eftre depofés *pour toute forte de pechés,* s'ils font *incorrigibles,* & quelquefois fans qu'il s'y trouve *aucun peché,* du moins qui foit *la caufe principale de leur depofition :* au lieu que par le mefme droit, quand mefme le *Pape* iroit à un *fi haut comble d'impieté,* (u) que non feulement il fe damneroit foy mefme, mais qu'il entraifneroit *dans l'Enfer des* PEUPLES INNOMBRABLES, cependant il n'y a perfonne qui puiffe le *Juger,* ou le *Depofer.* Cecy eft *approuvé* & confirmé non feulement par le *Canon dans Gratian,* mais auffi par une ample Annotation que l'on y ajointe depuis *Gratian,* il n'y a que peu de temps. Et le Pape *Gregoire* XIII. dans cette Bulle (x) dont j'ay deja fi fouvent

(r) Gloffa ad Can. *Si Papa* 6. *Dift.* 40. verbo, *à fide devius.*

(s) PRO QUOLIBET peccato poteft Imperator deponi, *Si fit incorrigibilis.* ibidem.

(t) *Papa Zacharias Regem Francorum, non tam pro fuis iniquitatibus, quàm quod tantæ poteftati* IN-UTILIS *erat, depofuit.Can. alius,* 2 Cauf.15.Quæft.6.

(u) *Dicto Can. fi Papa* 6. *Dift.* 40.

(x) Bulla Gregor.13.corp. Jur. Can, præfixa.

fait

fait mention *approuve & le Canon & l'Annotation.* Deforte que conformement à ce droit, fi les Empereurs ou
les Roys ne font pas fages; s'il *n'obeiſſent point à leur
grand maiſtre le Pape,* (Dominum DEUM NOSTRUM,
comme ils l'appellent) s'ils ne veulent pas eſtre repris par
ce Pontife, & s'ils ne corrigent pas ce qu'il croit le devoir
eſtre; Alors *le ſeul Juge* du *Crime* & l'arbitre *ſou-
verain* de la *Punition* Pape qui *peut* (& nous devons
eſtre perſuadés que s'il en a les moyens & l'occaſion il le
voudra auſſi) il peut, dis-je, *les Depoſer.*

En voilà aſſés & peut eſtre trop pour ce qui regarde le
droit Canon, cette cloaque, & cet abiſme de fourbes,
& de tromperies, d'Impieté & d'Infidelité. Car il n'y
a point de livres où il y ait plus d'ouvrages inventés pour
de mauvaiſe deſſein, quoy que ſouvent ſous des noms ſpe-
cieux, que dans celuy cy ; où il y ait plus de doctrines & d'-
opinions impies authoriſées, & paſſées en Loix ; & celá par
un homme qui pretend, quoy que ſans, & contre toute raiſon, eſtre Infaillible, & Vicaire de Jeſus Chriſt ; Enfin
où il y ait des *Principes d'Infidelité* plus capables de ſuſci-
ter des Seditions, & des Rebellions: Je ne ferai qu'advancer
cette penſée à preſent, parce qu'elle n'eſt pas proprement
de mon ſujet : Mais lors que j'aurai & le temps & l'occaſion de le faire, je montrerai, s'il plaiſt à Dieu, qu'elle
eſt tres juſte & trés bien fondée. Ce que j'ay dit juſques
icy vous doit avoir prouvé du moins en partie, combien
les Principes de ce droit ſont dangereux, & combien ils
ſont pernicieux & prejudiciables aux Roys & aux Princes, lors qu'ils ſont creus & mis en pratique. Si vous
en ſouhaités d'advantage vous pouvés conſulter & exami-
ner à loiſir les endroits ci-
tés à la Marge (*y*) avec
les Gloſes que l'on a faites
ſur ces paſſages ; comme auſſi
le Commentaire de *Turrecremata* ſur *Gratian,* & celuy de
Panormitan ſur les Decretales ;
(pour ne point parler de tous
les autres Canoniſtes) ou vous
trouverés

(*y*) Vid. Gratian. diſt. 96.
in Lemmate, & Can. 1, 7, 8,
9, 10, 11. Cujus Lemma eſt
*Quod Imperatores debent
Pontificibus SUBESSE, non
PRÆESSE.* Can etiam 12.
Can. etiam 2, 3, 4, 5. Cauſ. 15.
Quæſt. 6. & Can. *Excommu-*

trouverés affés dequoy vous convaincre par leurs propres tefmoignages, que non feulement les Principes de leur propre droit, comme ils font expliqués par leurs meilleurs & par leurs plus grands interpretes, font dangereux, mais auffi qu'ils tendent à la deftruction des droits & de l'authorité des Princes ; & qu'ils font incompatibles avec cette fidelité qui eft legitimement deüe aux Roys ; & à laquelle les fujets font engagés par les loix de *Dieu* & par celles de la *Nature*.

nicatorum 47. Cauf. 23. Quæft. 5. & Cap. vergentis 10. & cap. excommunic. 13. & cap. abfolutos 16. Extrà de Hæreticis, & cap. *gravem* 13. Extra de Pœnis & cap. *ad Apoftolic.* 2. de fent. & re Judicatâ, in 6, & 7. Decret. lib. 2. tit. 1. cap. 1. Cujus Lemma eft *LAICIS in Clericos NULLA POTESTAS.* & 7. Decret. lib. 2. tit. 2. cap. 2. & ibid. lib. 5. tit. 3. *De Hæreticis & Schifmaticis,* cap. 9. &c. Et cap. *nimis* 30. Extra *De Jure jurando,* cujus Lemma eft, *Clerici----- non tenentur Laicis præftare juramenta FIDELITATIS.* Et cap. *Solicitæ* 6. Extra de *Major. & Obedientiâ.*

3. Mais outre ces tefmoignages des Efcrivains particuliers de leur Eglife, & de leur *Droit Canon,* qui eft reçeu, approuvé, & eftabli par authorité publique, nous avons encore des *tefmoignages* plus illuftres & plus *authentiques,* qui font voir que dans l'Eglife de Rome l'on *profeffe & l'on pratique* cette Doctrine Impie & Seditieufe d'*Excommunier & de depofer les Roys & les Empereurs,* de tran*fporter* leurs Royaumes à d'autres, *& d'abfoudre leurs fujets du ferment de fidelité.* Car leurs Papes qui font chés eux des juges Souverains & Infaillibles, confirment cette Doctrine dans leurs *Brefs* & dans leurs *Bulles,* & cela dans des *Bulles* & dans des *Brefs* non fuppofés ou corrompus par les *Hæretiques,* mais publiés par eux mefmes, & imprimés à Rome dans l'*Imprimerie du Vatican.* (z) Ou pour en paffer plufieurs fous filence, nous avons

(z) *Vid. Bullarium Rom. per Cherubinum Romæ ex Typograph. Cameræ Apoft. anno* 1638.

1. L1

1. *La Bulle de Pie V.* contre la Reyne *Elizabet*: voicy le Titre de cette Bulle impie & detestable. *LA CONDAMNATION, (a) & l'Excommunication d'Elizabet Reyne d'Angleterre, & de ses ADHERENS*: ou d'un mesme souffle, & dans une mesme Bulle il condamne cette *Reyne Innocente* & tous ses *fideles sujets, Protestans ou Papistes*. Et icy nous pouvons remarquer en passant, que si un *Papiste* (comme il y est obligé *par la loy de Dieu, & par celle de la Nature*) est fidele à un *Prince* ou à un *Roy Heretique* (Et à Rome le Roy de la grand Bretagne & les autres Princes Protestans sont tels) il est reputé *criminel, & est condamné à Rome pour ce crime.* Car ce ne sont pas seulement TOUS LES HERETIQUES (b), & CHACUN D'EUX, DE QUELQUE SORTE QU'ILS SOIENT, qui sont condamnés; mais aussi *ceux qui les RECOIVENT, qui les FAVORISENT, ou qui les DEFENDENT.* Desorte que si quelque *Catholique Romain* conformement aus devoirs de la fidelité à laquelle il est engagé par sa naissance ou par son serment, *favorise ou deffend son Prince,* qui est *Protestant,* & par consequent declaré *Heretique*; il est sous le mesme *Anatheme,* & sous *la mesme condamnation que luy*: Et cet *Excommunication,* & cette *Condamnation de tous les Heretiques,* & de tous ceux qui les *favorisent* ou qui les *defendent,* sont solemnellement renouvellées à Rome tous les ans, (c) & la forme en a esté depuis peu inserée dans le corps du droit Canon. (d)

Mais

(a) Dicti Bullarii tom. 2. p. 229. & en l'Edition de Lyon, de 1655. p. 303. Elle est datée du 5. des Calend. de Mai 1570. l'an 13. d'Elizabet, jusques auquel tous les Papistes venoient aux Communes Prieres d'Angleterre; voici le Titre *DAMNATIO & Excommunicatio Elizabethæ Reginæ Angliæ eique ADHÆRENTIUM.*

(b) Vid. Bull. Clement. 10. dat. Romæ 7. Cal. April, 1671. in Bullario Cherubini, Lugduni, 1673. tom. 5. p. 528.

(c) In Bullâ Cœnæ Dom.
(d) Vid. 7. Decret. lib. 5. tit. 3. cap. 2. & 9. pag. 193. & 203. Edit. Ludg. 1661.

Mais advançons: Dans cette Bulle de *Pie V.* qui contient l'Anatheme & la Condamnation (c'est ainsi que porte le Titre de cette Bulle) de la Reyne *Elizabet* ; & qui cependant ne produisit aucun effet, & ne fut qu'un FULMEN BRUTUM, Dieu benissant par sa misericorde & par sa bonté, ce que le Pape mandissoit avec tant d'Impieté ; dans cette Bulle, dis-je, il y a des particularités qui sont, ce me semble, fort considerables.

1. L'Authorité extravagante que le Pape usurpe en disant, que notre bien heureux Sauveur, *establit St. Pierre* (& par consequent *luy* (e) comme Successeur de ce Saint) PRINCE SUR TOUTES LES NATIONS, & SUR TOUS *les Royaumes,* a fin d'ARRACHER, de DESTRUIRE, de DISSIPER, d'ESPARDRE, *&c.* Ce sont là les Paroles que Dieu prononça autres fois en parlant à *Jeremie,* (f) (non à St. *Pierre* ou à ses Successeurs) que ce *Pape* (g) *& ses predecesseurs* ont aussi mal entendues que mal appliquées. Voici des pretensions à une *puissance immense & destructive* ; & quoy que ce ne soient que de simples pretensions ridicules, deraisonnables & sans aucun fondement ; cependant que les Princes y prennent garde ; Car lors que les Papes ont eu le pouvoir de s'en servir, ils l'ont fait, & il est seur qu'ils s'en serviront encore lors qu'ils en auront les moyens.

(e) *Christus*---*QUI NOS in hoc SUPREMO JUSTITIÆ THRONO voluit collocare.* dictæ Bullæ Sect. 3.

(f) Jer. 1. 10.

(g) *Innocent* 3. & cependant c'est une loy, Cap. *Solicitæ* 6. Extra *De Major. & Obed.* & *Boniface* 8. cap. *unam Sanctam* 8. eodem tit. extravag. comm. *&c.*

2. Aprés avoir commencé de la sorte, il procéde a sa Sentence de Condamnation, en ces termes.

(h) *Nous,*

(h) *Nos Apostolicæ potestatis plenitudine declaramus, prædictam Elizabetham Hæreticam, eique adhærentes, Anathematis sententiam incurrisse, esseque A CHRISTI CORPORIS UNITATE PRÆCISOS. dictæ Bullæ Sect.* 3.

(h) *Nous,* dit il, *dans la plenitude de nostre puissance Apostolique, declarons Heretique la dite Elisabet; & que tant elle que ses adherens ont encouru la sentence d'Excommunication, & sont tous retranchés de l'unité du corps de Christ.* Mais ce n'est pas tout, & par un procedé indigne d'un Chrestien & encore plus d'un Vicaire de Christ, tel qu'il pretend estre, il la prive & la *depose* en la maniere suivante de sa dignité Royale, & de tous les estats sur lesquels elle avoit un droit legitime par sa naissance, par les Loix de Dieu, & par celles du Pays.

(i) *Quin etiam ipsam prætenso REGNI JURE, nec non OMNI & quocunque DOMINIO, DIGNITATE Privilegioque PRIVATAM.* Ibid. Sect. 4.

3. Et (i) *nous la privons de son pretendu droit Royal, & de tous ses estats, Dignités, & Privileges quelconques.* Il l'appelle son PRETENDU Droit Royal, parce que selon leurs principes Impies & seditieux, estant une Heretique; (comme ils la nommoient sans raison) elle avoit perdu en cette qualité son Droit Royal, mesme avant qu'elle fust actuellement Excommuniée. Cependant ce n'est pas encore tout; & il va plus loin.

(k) *Item Proceres, subditos, & populos Regni, ac cæteros OMNES qui illi QUOMODOCUNQUE JURAVERUNT, à JURAMENTO hujusmodi, ac OMNI prorsus dominii, fidelitatis, & obsequii debito perpetuo absolutos, & præsenti authoritate, absolvimus.* Ib. Sect. 5.

4. Et de plus, (k) *nous absolvons, & dispensons, la Noblesse, les sujets, & le peuple d'Angleterre & tous autres qui luy ont presté serment en quelque maniere que ce soit, de ce serment, & nous les declarons POUR JAMAIS absous*

de

de toute obligation de fidelité & d'Obeïssance envers elle, & nous les en absolvons par ces presentes. Desorte qu'icy il absout, autant qu'il peut, tous ses sujets de l'obligation, dans la quelle ils sont par leur serment de fidelité. Cependant comme au sentiment mesme des Jurisconsultes, il y a une *fidelité naturelle,* aussi bien qu'une *fidelité de Serment;* (Car par la naissance, ceux qui n'ont jamais presté ce Serment, doivent une fidelité naturelle à leurs Princes, estans nés leurs sujets.) De peur qu'aprés que le serment qu'ils avoient fait, auroit esté annullé, ils ne vinssent à obeir à la Reyne, & à se croire obligés par un principe de fidelité naturelle à le faire, il va jusques à declarer nul ce lien naturel, & à delivrer les sujets de cette Reyne de tous les engagemens dans lesquels ils pouvoient estre à cet égard. Voicy comme il continue.

5. *Nous chargeons* (1) *& defendons aux Seigneurs, aux Peuples, & aux sujets d'Angleterre, d'oser rendre aucune obeïssance à cette Reyne, à ses exhortations, commandemens ou ordonnances. Et s'il y en a qui en agissent autrement, nous les comprenons dans la mesme Sentence d'Anatheme & d'Excommunication.* D'ou il paroist manifestement, 1. Que le Pape dans cette Bulle & dans cette sentence authentique *Depose* la Reyne autant qu'il luy est possible. 2. Qu'il absout ses sujets du serment de fidelité. 3. Et que sous peine d'Excommunication, il leur defend, contre la fidelité naturelle à laquelle ils sont obligés, il leur defend, dis-je, d'obeir à leur legitime & incontestable Souveraine. Ce n'est pas pourtant encore tout, car,

(1) *Præcipimus & interdicimus UNIVERSIS & singulis PROCERIBUS, subditis populis, & aliis prædictis, ne ILLI, ejusve MONITIS, MANDATIS, aut LEGIBUS, audeant OBEDIRE. Qui secus fecerint, simili Anathematis sententiâ innodamus.* Ibid. Sect. 5.

6. Aprés

(m) *In depositione Elizabethæ Pius V. Jus Britanniæ & Hiberniæ ad Philippum 2. transtulit, vi cujus donationis, demandatus postea Sidonius fuit, an. 1588. classe Hispanicâ instructus, ut Britanniæ Regna possideret, Remonstran. Hibernor. per frat. R. Caron. part. 1. cap. 3. Sect. 4. p. 7.*

6. Aprés avoir fait tout cela, il donne le Royaume & tous les Estats de cette Reyne à *Philippe* II. Roy d'Espagne ; comme tout le monde le sait, & comme un honnête homme de la Religion Romaine, le P. R. *Caron* (m) Prestre Irlandois, l'advouë ingenuement.

2. Il y a dans le Bullaire Romain, plusieurs autres Bulles aussi impies que celle là ; dans toutes lesquelles (sous pretexte de cette immense & extravagante Souveraineté, que les Papes pretendent avoir JURE DIVINO sur tout le monde, mesme sur les Roys & sur les Empereurs) les Roys & les Princes sont Excommuniés & deposés par le Pape, & leurs sujets absous du serment de fidelité. Prenons pour Example, l'Excommunication & la Deposition de l'Empereur (n) *Henry* IV. qui fut Excommunié deux fois par *Gregoire* VII. Celle de *Frederic* II. (o) par *Gregoire* IX. & *Innocent* IV. Celle de *Henry* (p) VIII. Roy d'Angleterre par *Paul* III. Et pour passer les autres, Nous avons une excommunication de tous les Roys & Princes Heretiques, & de tous les Heretiques en general, dans cette fameuse (q) Bulle *de la Cene du Seigneur,* ou aujour du *Jeudy Saint* on denonce une Anatheme solemnel contre tous les Heretiques, mesmes contre les *Empereurs,* (r) *Roys, Ducs,* & tous autres de quelque dignité qu'ils soient.

Et

(n) *Bullar. Rom. tom. 1. p. 52, 53. Lugduni, anno 1655. vid. Binium Concil. tom. 7. part. 1. pag. 484.*

(o) *Ibid. p. 105. & p. 112. dicti Bullarii.*

(p) *Ibid. tom. 1. p. 704. l'Excommunication estoit datée 1535, & executée 1548.*

(q) *Vide dictum Bullarium tom. 2. p. 248. & constitut. 62. Pauli 5. ibidem, & plurimas ejusdem generis Bullas ibi indicatas.*

(r) *Etiam Imperiali, Regali, Ducali, aut aliâ mundanâ excellentiâ fulgentibus.* Ce sont les termes de la Bulle.

Et cet anatheme se renouvelle tous les ans. Desorte qu'entr'
autres sa Majesté Britannique & tous ses sujets Protestans
sont Excommuniés & Anathematisés une fois tous les ans
à Rome comme si leur *Mont Vatican*, estoit devenu le
Mont Ebal, (s) d'ou devoient
des-cendre toutes les maledicti-
ons. A present, Que le monde   (s) *Deut.* 11. 29. & 27. 12.
juge si cette doctrine & ces pratiques des Papes ne sont pas
dangereuses, & pernicieuses aux Roys.

    Mais-si tout ce que je viens d'alleguer ; si tous les tes-
moignages de leurs propres escrivains (& des escrivains
les plus eminens de leur Eglise, soit pour leur Science, soit
pour leur dignité,) si les loix & les Canons reçeus &
establis parmi eux, ni les Bul-
les authentiques * des Papes,
& leurs constitutions decre-   * Vid. Pauli Papæ 4. Bul-
tales ; si, dis-je, toutes ces choses   lam 12. in Bullario Cherub.
ne sont pas assés convainquan-   Romæ, 1638. tom. 1. p 602.
tes, & assés fortes, pour faire   *Quâ Imperatores, Reges, &c.*
voir que Rome enseigne & re-   *Hæreticos, Imperiis, Regnis,*
coit cette Doctrine seditieuse,   *& Dominiis omnibus priva-*
impie & pernicieuse, (parti-   *tos pronunciat ; Dominia-*
culierement aux Roys, s'ils sont   *que illa omnia esse publican-*
Protestans) du moins les De-   *da, publicata autem sint*
crets & les Canons de leurs   *juris & proprietatis eorum*
     qui ipsa primò occupaverint.

Conciles generaux (qui selon leurs principes & selon leur
propre confession sont infaillibles, & representent tout le
corps de l'Eglise) les Decrets, dis je, de ces Conciles, si
nous faisons voir qu'il y en a qui appuyent cette doctrine,
seront des preuves evidentes & incontestables, de ce que
j'ay advancé sur ce sujet. Et que leurs Conciles generaux
(je parle de ceux qui sont recognus pour tels) aient approuvé cette doctrine de la puissance de deposer les Roys
& les Empereurs, & d'absoudre leurs sujets du serment de
fidelité ; Cela paroistra, ce me semble assés evidemment
par les tesmoignages suivans.

    I. Dans le *Concile General*
    (t) de *Lyon*, (car il   (t) *C'est un des Conciles ge-*
    est generalement receu   *neraux, que le Concile de*
                   E
                                  pour

Conſtance *arreſta que tous les Papes ſuivans jure-roient de maintenir.* Seſſ.39.*in formam Profeſſionis à Papa faciendæ,* p.250. *Edit.*1514.

pour *Concile general*) le Pape *Innocent* IV. depoſa l'Empereur *Frederic* II. Qu'il l'ait depoſé dant ce Concile, c'eſt une choſe univerſellement reconnue,

& que perſonne, que je ſache, n'a encore niée : Ou que cette depoſition ſe ſoit faite *aprés une meure deliberation avec les Cardinaux, & avec le Concile* ;

(u) *Cum fratribus noſtris & ſancto* CONCILIO, *deliberatione diligenti præhabitâ.* cap. *cum æterni,* 1. *Extrà de ſent* & *re judic. in* 6. le Titre de ce chap. eſt. —*Innocentius* 4. *in Concilio Lugdunenſi.*

(x) *Omni honore & dignitate ſententiando privamus,* Ibid.

(y) *Omnes qui ei juramento fidelitatis tenentur adſtricti, à juramento hujuſmodi perpetuò abſolvimus.* Ibid.,

(z) *Quoſlibet qui ei, velut Imperatori vel Regi, conſilium vel auxilium præſtiterint, vel favorem. excommunicationis ſententiæ ſubjacere.*

(u) il paroiſt manifeſtement par la forme de l'Excommunication qui eſt enregiſtrée & inſerée *dans le corps du droit Canon:*
(x) *Innocent y prive ce Prince de tous ſes honneurs & de la dignité Imperiale :* En ſuite il abſout (y) *ſes ſujets du ſerment de fidelité ;* Et enfin il excommunie (z) *ceux qui le recognoiſtront pour Roy, ou pour Empereur : ceux qui luy donneront des Conſeils ou du Secours ; & ceux qui le favoriſeront* en quelque maniere que ce ſoit.

(a) *Concil. Lateran. Magnum ſub Innocentio III. an.* 1215. *Can.*3. de Hereticis, *& ce Canon a eſté receu dans le corps du droit Canon par* Gregoire IX. cap. Excommunicamus, 13. *Extra de* Hæreticis.

II. *Le Grand* (a) *Concile de Latran,* comme ils l'appellent ordinairement, qui ſi toutes fois ſi leur compte eſt juſte, eſtoit compoſé de 1215. Peres, declare Synodicalement & Cathegoriquement, *Que le Pape peuvoit depoſer les*

Roys ; abſoudre leurs ſujets du ſerment de fidelité ; & tranſporter leurs Royaumes à d'autres. Le ſommaire du Canon

Canon est, *Premierement, Que toutes les puissances secu-lieres chasseront de leurs estats tous* (ceux que le Pape & sa faction appelleront) *Heretiques* : Et qu'elles seront exhortées à le faire ; *Moneantur seculares potestates, &c.* 2. Que si elles refusoient d'obeir à cet advertisse-ment, elles y seroient (*b c*) CONTRAIN-TES. Et ce n'est pas seulement le Concile de *Latran* qui tient cet in-solent Languague : Celuy de *Trente* n'est pas plus modeste ; & cette Caba-le la plus Apocriphe du monde, comme il me se-roit aisé de le prouver, traitte aussi injurieusement *les Princes & les puissances Souveraines,* (*d*) *mesme les Empereurs, les Roys, les Princes, & tous les au-tres de quelque estat ou de quelque condition qu'ils puissent estre ;* Car il leur est à tous COMMANDE (e) *d'observer tous les SA-CRES CANONS, & tous les CONCILES GENE-RAUX* (& par consequent le Concile de *Latran,* & le Canon dont nous par-lons) *qui sont en faveur des personnes Ecclesia-stiques, & qui regardent les privileges de l'Eglise ;* Et il faut qu'ils observent toutes ces choses, & toutes *LES AUTRES ORDONNANCES des PAPES, comme* si elles estoient des *COMMAN-DEMENS DE DIEU, & des ORDONNANCES DIVINES.* Le Titre (*f*) de ce Chapitre est--- CO-

(b) *Si necesse fuerit, per Censuras Ecclesiasticas* COMPELLANTUR *po-testates seculares, &c.* Ibid. Can. 3.

(c) Concil. Trident. Sess. 25. de Reformat. cap. 20.

(d) *Imperatorem, Reges, Principes,* & OMNES *cu-juscunque status aut digni-tatis, &c.*

(e) PRÆCIPIT *sacres Canones,* & *Concilia Ge-neralia* OMNIA, & *Apo-stolicas Sanctiones in favo-rem Ecclesiast. personarum, tanquam* DEI PRÆCEP-TA, *ordinatione Dei con-stituta, &c.*

(f) COGANTUR OM-GAN-

NES PRINCIPES *Ca-tholici conservare* OMNIA SANCITA, *&c.* In Lemmate dicto cap. præfixo, in Edit. Concil. Trident. anno 1634. *Si je ne me trompe, car je n'ay pas à present le livre.*

GANTUR, *&c.* c'est à dire, *QUE TOUS LES PRINCES CATHOLIQUES,* (& beaucoup plus les Heretiques) *soient* CONTRAINTS à observer TOUTES les ORDONNANCES qui regardent les Privileges & les

libertés de l'Eglise, &c. Aussi est ce là le Language ordinaire de leurs plus eminens Autheurs, & celuy de leurs Papes, & de leurs Conciles, comme vous le pouvés voir entre plusieurs autres dans le Car-

(g) Card. Tuschus Conclusion. Pract. Juris Tom. 6. Concluf. 41. Sect. 40, 41. 61.

(h) *Imperator potest* COGI *ad officium execrationibus &* ARMIS. Gregor. 7. apud Platinam *in ejus vita.*

(i) Leo X. in Concilio Laterano, *Approbante Concilio:* apud Binium Concil. Tom. 9. p. 49. Edit. Parif. anno 1636. REGES PEREMPTORIE REQUIRIMUS.

dinal (g) *Tuschus*; dans la vie de (h) *Gregoire* VII. escrite par *Platine*; & dans le Concile de *Latran* tenu sous *Leon* X, où le Pape dans son Monitoire, *contra Gallicam Pragmaticam sanctionem,* dit hardiment--(i) *NOUS COMMANDONS ABSOLUMENT AUX ROYS, &c.* Secondement cela va bien: Par ce Concile & par ce Canon dont il est question, les *Roys* seront

CONTRAINTS par le *Pape* à s'acquiter de leur *devoir*; *c'est à dire,* comme nous l'explique le Canon, *à chasser les Heretiques de leurs Royaumes & de leurs Eftats.* Et si vous demandés qui & quels sont ces Heretiques; le mesme Canon vous repondra que ce sont ceux que le Pape & sont parti *jugeront à propos d'appeller* (k) *Heretiques.*

(k) *Hæreticos* AB ECCLESIA NOTATOS.

En troisième lieu, ces Roys & ces Princes doivent estre CONTRAINTS

à prester SERMENT, *& à jurer qu'ils chasseront ces Heretiques.* Et de plus, afin que tout le monde voye &

& cognoisse que les Princes obeissent au Pape, il faut qu'ils prestent ce serment en Public; Car les paroles du Canon portent * qu'ils doivent *JURER PUBLIQUEMENT, qu'ils tacheront d'exterminer tous les Heretiques CONDAMNES & marqués PAR L'EGLISE.* En quatrieme lieu, si quelque *Prince* (l) *ou quelque Roy neglige ce devoir, & refuse de prester le Serment,* & de chasser les Heretiques de ses Estats, lors qu'on l'en sollicitera; alors *le Metropolitain & les Eveques de sa province le doivent* excommunier. Et s'il demeure rebelle, & refuse de donner satisfaction en chassant les Heretiques; *Ils le doivent faire savoir au PAPE : afin qu'il* (m) *LE DEPOSE,* qu'il *ABSOLVE SES SUJETS DE LEURS SERMENTS DE FIDELITE, & qu'il DONNE SON ROYAUME A DES CATHOLIQUES.* De sorte que si nous nous en rapportons à ce Pape & à ce Concile General, aussi considerable par le nombre de 1215, Peres qui le composoient, qu'il l'estoit peu par leur science & par leur bonne foy; il s'ensuivra, *Que les Roys & les Princes sont les sujets, ou plus tost les esclaves du Pape, qui peut les CONTRAINDRE à chasser de leurs Estats tout autant de leurs sujets, qu'il luy plaira de declarer Heretiques; & qui peut leur imposer un serment pour les lier & pour les obliger à luy obeir : Que s'ils ne le font pas, le Pape peut deposer le Prince de-sobeissant, & absoudre ses sujets de tous les sermens qu'ils peuvent luy avoir prestés;*

* *Præstent JURAMENTUM TUM PUBLICE, quod universos Hæreticos AB ECCLESIA NOTATOS exterminare studeant.*

(l) *Si requisitus neglexerit, per Metropolitanum, & comprovinciales Episcopos excommunicationis vinculo innodetur.* Ce sont les paroles du Canon.

(m) *Ut ex tunc ipse Papa VASALLOS ab ejus FIDELITATE denuntiet ABSOLUTOS, & TERRAM exponat CATHOLICIS OCCUPANDAM.*

preftés ; & eftant devenu Souverain du Royaume & des Eftats de ce Prince, que fa defobeiffance en a privé, il les peut donner à qui il luy plaira. Que l'on juge maintenant ce que nous devons croire de ces propofitions impies & feditieufes que Rome approuve & fouftient par la bouche & dans les ecrits de ces grands Conciles Generaux, qu'elle croit infaillibles, ou du moins qu'elle voudroit nous faire recevoir comme tels : Et que l'on juge fi ces Propofitions ne font pas dangereufes & pernicieufes ; fi elles ne font pas entierement contraires aux droits & aux Interefts des Roys. Je fais que quoy que les (n) *Jefuites* & les *Canoniftes* approuvent & recoivent hautement la doctrine de ce Canon & de ce Concile de *Latran,* avec toutes fes confequences ; cependant il y a quelques perfonnes raifonnables de la Communion de Rome, qui ne la recoivent ni ne l'approuvent : Ainfi il y en a qui font des efforts impuiffans pour adoucir & pour diminuer l'impieté des confequences que les Pro- & pour les eluder, ils font teftans tirent de ce Canon ; deux reponfes.

(n) *Voy un livre imprimé depuis peu, fous le Titre de* Fidelité des Jefuites ; *ce livre contient trois Lettres d'un Jefuite ; (c'eft ce me femble, le P. Kein ou Keins) dans les quelles ce Canon du Concile de* Latran *eft approuvé, avec toutes fes confequences : Et l'autheur entreprend de deffein & datâ Operâ de prouver la puiffance de depofer les Roys ; & il prouve amplement par les efcrivains Papiftes, & par les Conciles qu'elle eft de Fide.*

1. Reponfe.

1. Donc, ils difent, que le Canon du Concile de *Latran* ne fe doit entendre que des *feudataires* ou *des vaffaux,* & non des *Princes Souverains & abfolus.*

Refutation.

Mais c'eft manifeftement prendre mal le fens de ce Canon, & c'eft contredire en termes formels & au fens & aux paroles du Canon. Car,

1. Par

1 Par le Canon, Tous les Princes, *Souverains & feudataires, ou vaffaux s'ils refufent de chaffer* de leurs Eftats *tous les Heretiques,* doivent eftre excommuniés par le Metropolitain & par les Eveques de fa Province, & enfuite depofés par le Pape : Et le Canon fpecifie cette diftinction ; Que *quand un Prince que relevoit d'un autre eftoit depofé,* cette depofition fe faifoit avec un *Salvo,* (r) *fauf les droits du Seigneur duquel il relevoit.* Par cette depofition le Seigneur feudataire ne perdoit que ce qui luy appartenoit de droit & en propre ;

(r) *Salvo Jure Dominii principalis.* Ce font les paroles du 3 Canon du Concile de *Latran.*

& le Seigneur duquel il eftoit feudataire, ne perdoit rien du tout. Si le Seigneur feudataire devoit payer quelques rentes, ou rendre quelques fervices à fon Seigneur, il n'en eftoit pas exempté par cette depofition ; mais il les devoit tous jours à fon Seigneur ; avec cette reftriction neantmoins : *Que le Seigneur Souverain ne* (f) *concourroit pas luy mefme à empecher l'expulfion des Heretiques des Eftats du Prince inferieur ou feudataire ;*

(f) *Dummodo ipfe (Dominus principalis) nullum præftet obftaculum, &c.* Ibid.

c'eft à dire, à condition, Que le Seigneur Souverain n'empecheroit pas l'execution des commandemens du Pape. Car s'il le faifoit, alors luy mefme LE SEIGNEUR SOUVERAIN, eftoit depofé auffi bien que le Seigneur feudataire. Le Canon & le Decret de ce Concile les embraffent l'un & l'autre fous une mefme punition ; fi l'un & l'autre font coupables du mefme crime. Ou s'ils font tous deux negligens à chaffer les Heretiques, s'ils refufent de le faire ; ils feront tous deux egalement *Depofés & privés de leurs Eftats.* Car le Canon dit, (t) *Que LA MESME LOY SE DOIT* egalement *OBSERVER A L'EGARD DE CEUX*

(t) EADEM LEGE SERVATA CIRCA EOS, *Qui non* HABENT DOMINOS PRINCIPA-

QUI

LES. Et cette doctrine impie n'a pas seulement esté approuvée par Honorius III. Successeur d'Innocent 3. Mais elle a encore esté confirmée & approuvée, & inserée dans le corps du Droit Canon par Gregoire 9. cap. excommunicamus, 13. Extra de Hæreticis. Aprés eux elle a esté confirmée en 1243, par Innocent 4. en 1258. par Alexandre 4. & en 1265. par Clement 4. comme il

QUI ont, & de ceux qui n'ont point de SEIGNEUR SUPERIEUR. C'est à dire que par ce Canon les *Seigneurs Souverains*, Roys ou Empereurs, doivent estre deposés, s'ils n'obeissent pas aux ordres du Pape, & s'ils ne chassent pas actuellement tous les Heretiques de leurs Estats.

paroist par le grand Bullaire Romain imprimé a Lyon, en 1655. Tom 1 pag. 109. Col. 2. Mais de peur que l'on ne crust que Rome estant devenue plus favorable aux Princes, auroit changé de sentiments, on a adjousté depuis peu au corps du Droit Canon, la confirmation de cette doctrine par Innocent 4. vid. Corpus Juris Canon Lugd. 1661. 7. Decret. lib. 5. Tit. 3. de Hæretic. & Schism. cap. 1. 2.

2. Mais Posé, ce qui est pourtant manifestement faux, Que le Canon n'entende que les Princes Feudataires, & ne pretende pas que les autres puissent estre deposés par le Pape ; *Comme un Prince Feudataire est moindre qu'un Prince Souverain, il y a moins de mal & moins d'injustice* dans ce sentiment que dans l'autre : Cependant il est assés dangereux & assés injuste : Et sous cette *fausse supposition*, la puissance que le *Pape* s'arroge, & que *le Concile de Latran & les Canons* de ce Concile approuvent, & luy attribuent, sera tousjours non seulement *dangereuse*, mais mesme *pernicieuse*, du moins pour les *Princes Feudataires ou vassaux*. Cela n'est que trop visible ; & il n'est pas necessaire d'y insister beaucoup, & d'apporter d'autres preuves pour en faire voir la verité.

2. Reponse.

Il y en a d'autres qui pour eluder la force de l'argument que nous pressons contre *Rome*, sur les paroles de ce Canon nous

nous donnent une autre Reponse: (*u*) Ils nient que ce Concile foit un Concile General; mais quand ils fe voyent convaincus, ils nient qu'il ait jamais fait aucuns Canons: & ainfi ils difent, que *la doctrine de ce Canon,* quelquequ'elle puiffe eftre, *ne peut eftre attribuée à l'Eglife de Rome, & qu'on ne la peut accufer de l'approuver.*

(u) *L'Autheur de la Reponfe à la fidelité des Jefuites, imprimée à* Londres 1678. *pag.* 12. *Le Pere* Prefton, *fous le nom de* Witherington, *&c.*

Mais cette Reponfe eft auffi peu veritable & auffi peu folide que la premiere. Car ce Concile & fes Canons, ont toufjours efté, & font encore univerfellement receus dans l'Eglife de *Rome*; le Concile comme (*x*) Oecumenique, & les Canons comme veritables, & non fuppofés. Pour preuve de cela, confiderons,

Refutation.

(x) *Dans la Bulle par laquelle* Innocent 3 *convoquoit le Concile de Latran, le titre porte,* Indictio facri & OECUMENICI Concilii Lateranenfis, pro 1. die Nov. 1215. In Bullario Rom. Tom. 1. pag. 87. edit. 1655.

1. Que generalement tous ceux d'entr'eux qui ont ecrit *des Conciles,* du moins tous ceux que j'ay veus jufques icy, recognoiffent ce Concile pour un Concile General, qu'ils l'appellent ordinairement le *grand Concile de Latran ;* & qu'ils citent les Canons qu'on luy attribue, comme des Canons Veritables & non fuppofés.

2. Que tous les Autheurs Papiftes, qui ont publié les Conciles, ou qui en ont fait des abregés, tels que *Crabb, Surius, Binius, Joverius, Caranza, &c.* le publient comme un Concile General. Et *Joverius* dit pofitivement ----- (y) *qu'il ne voit pas avec quel front un homme peut nier que ce Concile ait efté Oecumenique ou General.*

(y) *Non video quâ fronte audeat quis negare hoc Concilium effe Oecumenicum.* Jover. Conc. part. 1. p. 120. in Lemmate Conc. præfixo.

3. Que

3. Que dans les Editions du droit Canon (z) les plus recentes & les plus estimées, il se trouve au commencement un Catalogue distinct de leurs Conciles generaux & Provinciaux, reconnus pour tels, & que le Concile de *Latran* y est perpetuellement mis au nombre de ceux qui passent pour generaux, & qui sont receus comme tels.

(z) Vid. Edit. Juris Canon. Parif. 1612. & 1618. & Lugduni, 1661. &c.

4. Que parmi leurs autheurs des Conciles, il y a une distinction (a) de *Conciles Generaux*, par lesquelles ces Conciles sont ou approuvés, (*) ou rejettés ; ou *approuvés en partie, & rejettés en partie* ; ou enfin ils ne sont *ni approuvés ni rejettés* ; comme par exemple le premier Concile de *Pise*. Or pour ce qui regarde le Concile de *Latran* dont nous parlons ; ils le mettent tousjours au nombre des Conciles Generaux du premier ordre ; c'est à dire au nombre de ceux qui sont approuvés par leur Eglise. Quelque ridicule que soit cette distinction de Conciles ; & quoy qu'elle soit contraire à la Verité & à leurs propres principes, comme je le prouverois manifestement, si cela estoit de mon sujet : Elle fait pourtant voir clairement, que le Concile de *Latran* est dans le sentiment de ces Autheurs, un Concile General : & c'est tout ceque je demande à present. Mais de plus, je dis,

(a) Voy *Bellarmin, Longus A Coriolano, Rives, &c.*

(*) 1. *Approbata.* 2. *Reprobata.* 3. *Partim approbata, partim reprobata.* 4. *Nec approbata, nec reprobata.*

5. Que dans leur propre *Droit Canon*, tant dans les Editions precedentes, que dans une (b) qui s'est faite de puis peu avec permission & avec approbation, *ce Concile de Latran* tenu sous le Pape *Innocent* III. *est reconnu pour un Concile Oecumenique, ou General.* Car enfin ces Paroles,

(b) Corpus Juris Canon. Lugduni, 1661.

Paroles, (c) *Innocent III.* *dans un Concile General* se trouvent à latefte du chap. 1. des *Decretales* publiées par l'authorité & par les ordres du Pape *Gregoire* (d) *IX. pour l'utilité* (e) *commune,* avec defenses à tous Juges & Professeurs de fe servir (f) d'aucunes autres, ni dans les Tribunaux ni dans les univer-fités fans la permiffion du Pape ; & tout cela a efté depuis confirmé par une Bulle de *Gregoire XIII :* (g) Et afin que nous foy-ons perfuadés que c'eft du Concile de *Latran,* qu'il eft icy parlé ; un favant (h) Jurisconfulte dans fes Annotations join-tes à la Bulle de *Gregoire IX.* dont nous avons de-fia fait mention, nous dit, *Que ce Concile fe tint à Rome à St. Jean de Latran en l'an 1215. au 18. du Pon-*

(c) Cap. firmiter 1. Ex-tra *de fumma Trinitate,* le Tiltre eft—*Innocentius 3. in Concilio GENERALI.*

(d) Vid. Bullam *Gregorii* 9. decretalibus præfixam.

(e) *Ad communem max..ime ftudentium utilitatem,* Ibid.

(f) *Volentes ut hac TAN-TUM compilatione UNI-VERSI utantur, in JUDI-CIIS & SCHOLIS, &c.* Ibid.

(g) Bulla hæc Romæ data anno 1580. Jul. 1. & Corp. Juris Can. præfixa.

(h) Antonius Naldus,—*Hoc Concilium Romæ in La-terano Celebratum,* anno 1215. *& Innocentii* 3. 18. *Affiftentibus Hierofol. & Conftantinop. Patriarchis, & TOTIUS FERE OR-BIS EPISCOPIS, &c.*

tificat d'Innocent III ; *Et que les Patriarches de Je-rufalem & de* Conftantinople, *& PRESQUES TOUS LES EVESQUES du MONDE s'y trouverent :* Deforte que fi le Titre d'un Decretale publiée par le Pape *Gregoire IX.* Et fi les Annotations qu' *Antonius Naldus* un favant & un eminent Jurifconfulte a faites fur cette Decretale ; fi enfin l'approbation & la con-firmation de celles cy & de celle la par le Pape *Gre-goire XIII* ; Si, dif-je, toutes ces chofes ne font pas fauffes, il s'enfuivera evidemment que le Concile de *Latran* eftoit un Concile Oecumenique ou General. Outre cela nous trouvons dans le mefme droit Canon,

&

& dans les mesmes Decretales, ce titre à la teste d'un autre chapitre (i) *Idem in Concilio generali.* Et il paroist tant par les *Chapitres* (k) *precedens* qui portent ce titre, que par les Annotations sur celuy cy, que ce fut *Innocent III.* qui presida à ce Concile; & que ce fut a St. Jean de *Latran* (l) que se tint le Concile qui y est appellé Concile General; comme aussi par ce qui est repeté (m) plusieurs fois dans la suite sur le mesme sujet; principalement au (n) *5 livre des Decretales* du Pape Gregoire, au 7. titre; ou ce *Canon impie de la deposition* des Roys, & de l'absolution des sujets de leur serment de fidelité est absolument passé en loy, & en registré comme telle; Et il y est rapporté au Pape *Innocent III.* dans son Concile de *Latran*; & ce Concile y est declaré *Oecumenique.*

6. Pour mettre cette question entierement hors de doute; & pour estre convaincu, *Que ce Concile de Latran estoit un Concile Occumenique,* & qu'il a fait des Canons, il ne faut que s'en tenir au tesmoignage du Concile de *Constance* (o) qui le confirme plusieurs fois; & qui met le Concile de *Latran* au nombre de ces Conciles Generaux, que les Papes a leur elevation au Pontificat devoient (p) jurer

(i) Cap. nimis 30. Extra *de jurejurando.*

(k) Cap. *Veniens* 16. attribuitur *Innocentio* 3. comme aussi les 13. suivans, & le 30. dont nous parlons à present.

(l) *Concilium Lateranum sub Innocentio* 3. dit l'Autheur des Notes ad dictum cap. 30. lit. C.

(m) Cap. *Qualiter* 24. Extra de *Accusationibus.*

(n) Cap. *Excommunicamus* 13. Extra de *Hæreticis,* vide Lemma dicti capitis & annotat. lit. A.

(o) Concil. Constant. Sess. 19. pag. 126. Edit. in octavo, anno 1514. & ibid. p. 280. & p. 312. In Confirmatione Constitutionis Friderici 2.

(*p*) jurer d'obſerver. Ces authorités doivent ce me ſemble ſuffire ; & je ne crois pas qu'il ſoit neceſſaire d'enciter de nouvelles pour ſatisfaire les plus raiſonnables d'entre nos adverſaires ; Cependant j'en adjouterai encore une qui fermera ſans doute la bouche à ceux qui croyent eſtre le mieux fondés dans leur Opinion. C'eſt le *Concile* (q) de *Trente* dont je veux parler, qui appelle en termes formels le Concile de *Latran* un Concile general, & qui confirme un de ſes Canons.

(p) Concil. Conſtantienſe Seſſ. 39. in forma Profeſſionis à Papa electo facienda.

(q) Seſſ. 24. cap. 5. de Reformatione pag. 290. Edit. Salamant. 1588. *Conſtitutionem; ſub Innocentio III. in* CONCILIO GENERALI *quæ incipit,* Qualiter & quando, *Synodus Innovat.*

Le Reſultat de ce Diſcours, eſt, Qui ſi tous ces teſmoignages, 1. *De leurs plus ſavans, & de leurs plus eminens autheurs, qui ont eſcrit des Conciles* : 2. *De ceux qui ont publié leurs Conciles Generaux & Provinciaux* : 3. *Des Decrets de leurs Papes, generalement approuvés & reçeus dans le corps de leur Droit Canon, dans les Editions les plus nouvelles,* & comme ils le diſent eux meſmes, *les plus correctes* : 4. *Des Conciles Generaux de Conſtance & de Trente* : (Car ils les recognoiſſent pour tels) Si, dis je, ces teſmoignages qui concourent enſemble à prouver ce que j'advance, ſont de quelque poids, & aſſurement ils le doivent eſtre, quiſqu'il y en a quelques uns qui dans le ſentiment de *Rome* ſont *Infaillibles* ; Il s'enſuivra manifeſtement, Que ce *Concile de Latran tenu ſous le Pape Innocent III. eſt un Concile Oecumenique ou General,* & qu'ils le doivent recognoiſtre pour tel. Et qu'ainſi ces *Opinions impies & deteſtables* qui ſont renfermées dans ce Canon, (comme celles cy ; 1. *Que les Roys & les Empereurs, qui n'obeiſſent point au Pape, peuvent eſtre excommuniés par leurs propres Eveſques* :

Evefques: 2. *Qu'ils peuvent eftre depofés par le Pape.* 3. *Que leurs fujets peuvent eftre abfous par luy de leurs fermens de fidelité.* 4. *Que leurs Royaumes peuvent eftre donnés & tranfportés à d'autres* qui obeiront au Pape, ou qui luy feront plus agreables) font evidemment *des Doctrines de l'Eglife Romaine* ; puifqu'elles font des Decrets & des Conftitutions de ces Conciles qu'elle recognoift pour Generaux ; & pour infaillibles, & aufquels par confequent elle doit ajouter fermement foy. Cela ainfi pofé, & prouvé, *Que le Pape & fon Parti, y eftans obligés par leur Droit Canon, & par les Conciles generaux,* croyent & fouftiennent hautement & publiquement ces doctrines impies, feditieufes & deteftables ; Il fera aifé à tous ceux qui ont tant foit peu de jugement, & qui voudront ouvrir les yeux, de recognoiftre combien ces principes font dangereux : & qu'ils peuvent eftre d'une confequence pernicieufe pour les Roys, pour les Princes & pour les peuples : mais fur tout pour les Roys, pour les Peuples, & pour les Princes Proteftans.   Et cela de 2. Manieres,

1. A l'egard de la Confcience ; c'eft à dire en veüe de leur falut Eternel, qu'ils hazardent s'ils croyent & s'ils recoivent ces maximes & ces principes impies.

2. A les confiderer feulement avec les yeux de la Prudence Civile : C'eft à dire que ces Principes font entierement contraires aux interefts temporels ; en ce que fi on ne les reçoit pas, on rifque fes biens, fes dignités, & mefme fa Vie.

1. A l'egard de la Confcience, ces Principes font neceffairement dangereux & pernicieux, *fi on fe foumet au Pape ;* fi *l'on croit & reçoit* ces Principes erronées, & ces Opinions Damnables ; car il s'enfuivra cet Argument, qui eft manifeftement vray. *Il eft dangereux & pernicieux à l'ame de croire des Principes & des Doctrines damnables & erronées.* (L'on tombe d'accord de cette Majeure des deux coftés) *Or croire que le Pape peut excommunier & depofer les Roys, & qu'il peut abfoudre leurs fujets du ferment de fidelité,*

fidelité; Desorte (*) qu'apres cela, ils peuvent justement & sans crime *tuer & assassiner leurs Roys d'abord qu'ils ont esté excommuniés & deposés par le Pape,* c'est croire une doctrine *Heretique & damnable*; comme il paroist par la Declaration qu'a faite sur ce sujet un grand (a) Parlement (à l'occasion de la trahison des Poudres au 5 an du Roy *Jacques*) dans le *serment de fidelité:* que vous & moy & tout le Clergé, & toute la Noblesse, & tous les Magistrats, & tous ceux qui ont pris quelques degrés dans les Universités, avons, ou du moins devons avoir pressé. Ayans ainsi juré par *un serment solemnel & sacré,* que cette doctrine est *impie, damnable & Heretique.* Il seroit inutile *& pour vous & pour tous ceux qui aiment la verité, & qui sont affectionnés à l'Eglise Anglicane,* d'apporter d'autres preuves pour faire voir les erreurs, & les impietés de cette doctrine, & pour montrer en mesme temps dans quel danger sont ces pauvres ames abusées, qui la croyent, & qui la mettent en Pratique. Cette authorité vaste & illimitée que

(*) Je dis justement, selon leurs Principes: Car 1. Ils disent que ce n'est pas un crime de Leze-Majesté, que de tuer un Roy apres sa deposition, parce qu'alors il n'est plus Roy, & que les sujets absous du serment de fidelité, ne sont plus ses sujets. 2. Ils disent que ce n'est pas non plus un *Meurtre:* Car le Pape, leur Juge Souverain & infaillible, ayant condamné ce Roy a rendu son execution legitime: *NON SUNT HOMICIDÆ, qui adversus excommunicatos, ZELO ECCLESIÆ MATRIS ARMANTUR, EOSQUE TRUCIDANT.* C'est là la Decision du Pape *Urbain II.* Et c'est dans *Gratian* une Loy: cap. excommunicatorum 47. Cauf. 23. Quæst. 5.

(a) Voici ce que porte le serment *J'abjure & je deteste de tout mon coeur, comme impie & Heretique cette Doctrine & cette Proposition damnable; Que les Princes excommunics ou Deposés par le Pape peuvent estre deposés ou tués par leurs sujets, ou par aucun autre.* Vid. Stat. 5 Jac. cap. 4.

le Pape pretend avoir sur les Roys, en qualité de Successeur de St. *Pierre,* & qu'il usurpe lors qu'il le peut, est l'origine & la source de tout le reste, le πρῶτον ψεῦδος. Mais ou voyons nous que St. *Pierre* ait jamais eu, ou mesme ait jamais pretendu une telle authorité sur les Roys:
Luy

Luy qui ne recognoissoit point de puissance ni en luy mesme, ni en aucun mortel, à laquelle les Roys fussent soumis : & qui au contraire nous ordonne (b) de nous *rendre sujets à tout* ordre humain, soit au *ROY COMME AU SOUVERAIN:* En disant que le *ROY EST SOUVERAIN:* il dit en mesme temps par une consequence incontestable, qu'il n'y a personne au dessus de luy : Car ce seroit une contradiction manifeste que de dire, que quelque chose est *AU DESSUS* de ce qui est *Souve-*

(b) 1 *Pier.* 2. 13. Ce passage embarassa *Innocent III.* & si vous considerés l'explication ridicule & erronée qu'il en donne, vous aurés plus de sujet de le croire fol, que de le regarder comme un homme Infaillible : cependant elle se trouve dans le corps du Droit canon, cap. *solicitæ* 6. Extra *de Major. & Obed.*

rain St. *Pierre* commande à tous les Chrestiens de se *RENDRE SUFETS à leurs Roys,* & de leur obeir comme à leurs Gouverneurs *SOUVERAINS:* Et cependant de son temps il n'y avoit que des Roys & des Princes Idolatres & Payens: Le Pape ou contraire commande aus sujets de desobeir à leurs Roys, d'abord qu'il les aura prononcés Heretiques, soit que ce soit justement ou injustement; il leur defend de leur estre assujettis, & de les assister : Il leur ordonne de prendre les armes contr'eux; & pour adoucir ou pour estouffer l'horreur qu'inspire l'Idée seule de cette rebellion, il leur declare que si transportés de Zele pour la cause de la Religion Catholique, ils tuent (*) leurs Princes, ou quelques autres Heretiques, ce n'est pas un meurtre: enfin pour les obliger à obeir à ses ordres, il les menace de les excommunier, s'ils

(*) *Non sunt Homicidæ qui adversus excommunicatos, Zelo matris Ecclesiæ armantur.* Lemma ad dictum cap. 47. cauf. 23. Quæst. 5.

ne font ce qu'il leur commande. Que toutes les personnes raisonnables me disent, si en cette occasion ils peuvent desobeir à l'Apotre, & obeir aux ordres du Pape, sans mettre le salut de leur ame dans un danger manifeste. Notre bienheureux sauveur, de qui le Pape pretend estre le Vicaire, paya luy mesme *le Tribut*

(a) à *Cesar*, quoy que ce Prince fuſt Idolatre & Payen ; par ou il nous laiſſe un exemple pieux & admirable de cette obeiſſance & de cette fidelité que nous devons à nos Princes, quand meſme ils feroient ce n'eſt pourtant pas tout, car il nous *commande expreſſement de rendre à* (b) *CESAR LES CHOSES QUI SONT A CESAR :* Il recognoiſſoit l'authorité Souveraine de cet Empereur & ne pretendoit pas, que l'Infidelité & l'Idolatrie (c) de ce *Prince le deuſſent priver de ſes droits.* St. Paul confirme la meſme doctrine dans ſes ecrits & par ſes actions : 1. Quoy qu'il fuſt un Apotre, qui n'eſtoit (d) *en rien moindre que St. Pierre*, ou que les autres Apotres, ce qu'il repete par deux fois dans ſa ſeconde aux *Corinthiens*; Il recognoiſt pourtant *la puiſſance* de l'Empereur, comme *Superieure à la Sienne : J'aſſiſte*, dit il, *au ſiege Judicial de* Cesar (e) OU IL ME FAUT ESTRE JUGE, *ſi j'ay commis quelque choſe digne d'eſtre* condamné A MORT : Il ne pretendoit point ſe ſouſtraire à la *juridiction du Magiſtrat Civil dans une cauſe criminelle, comme* font à preſent *tous* (f) *les Eveques Papiſtes, & comme ils le peuvent faire ſelon les Canons de leur Egliſe :* Mais il recognoiſſoit qu'il eſtoit

(a) Matth. 17. 27. Vid. Rob. Abbot. *de Supremâ poteſtate Regiâ, Prælect.* 4. p. 38.

infideles & Prophanes : Jeſus Chriſt va plus loin ;

(b) Marc. 12. 17.

(c) *Dominium non fundatur in gratiâ, &c.*

(d) Οὐδὲν ὑςέρησα τῶ ὑπὲρ λίαν Ἀπςόλων, &c. *En* RIEN *plus petit que les* PRINCIPAUX *d'entre les Apoſtres.* 2 Cor. 11. 5. & 12. ver. 11.

(e) Act. 25. ver. 10, 11.

(f) Concil. Trident. Seſſ. 24. cap. 5. *de Reformatione.*

F

ſoumis

soumis au bras seculier, & dans cette veüe il en appelle à la puissance Civile : (g) J'EN APPELLE A CESAR : Il est constant, que tout Appel se fait d'un Juge inferieur à un Juge superieur, à la jurisdiction duquel l'appellant est soumis, & auquel appartient la cognoissance du crime : St. *Paul* donc en appellant à *Cesar*, le recognoist *ipso facto* pour son Juge legitime & en mesme temps pour un Juge, à la jurisdiction duquel il est soumis : Et ce St. Apotre estoit si loin de croire ces principes impies & seditieux ; il estoit si loin de desobeir ou d'estre infidelle à cette puissance Imperiale, quoy que payenne, sous laquelle il vivoit, qu'il la recognoist publiquement, & qu'il s'y soumet humblement. Mais il ne se contenta pas d'avoir donné à son Prince dans ses actions des marques de son obeissance & de sa fidelité : il luy en donna de nouvelles dans ses escrits : Car dans son Epitre aux *Romains*, il commande comme Apotre de Jesus Christ d'estre fidele & obeissant : (h) *Que toute Ame* (c'est à dire que tout (i) homme) *soit sujette aux puissances superieures*, c'est à dire aux puissances (k) Souveraines, &c. Et dans la suite il adjoute, (l) *qu'il leur faut payer* des TRIBUTS, & des PEAGES, qu'il faut avoir *pour eux de la* CRAINTE & *du* RESPECT, & en un mot qu'il faut leur rendre TOUT CE QUI LEUR EST DEUB. Par puissances (m) *Souveraines*, il entend icy ceux qui sont revestus d'une authorité & d'une puissance Souveraine : & cette puissance Souveraine sous laquelle

---

(g) Act. 25. ver. 11. vid. R *Abbot*, de supremâ Potestate Regiâ. Prælect. 6. p. 60, 61.

(h) Rom. 13. ver. 1.

(i) Gen. 46. ver. 27. Lev. 22. ver. 3, 6, 11.

(k) ὑπερέχουσαι, *supremæ*, 1 Pet. 2. v. 13. *C'est le mesme terme dont St. Pierre & St. Paul se servent.*

(l) Rom. 13. v. 7.

(m) *Pour* ἐξουσίαι *qui est au v. 1. il y a au 3.* Ἄρχοντες, *& au 4.* διάκονοι τῶ Θεῦ.

quelle luy & les Romains vivoient, eſtoit *Neron, le plus impie de tous les Payens, le grand* ennemi de Jeſus Chriſt, *le perſecuteur des Chreſtiens :* cependant *tous ceux* qui vivoient ſous ſon Empire, St. *Pierre* auſſi bien que St. *Paul, eſtoient obligés par la Loy de Dieu, & par les preceptes de l'Evangile, de luy eſtre ſoumis, de le craindre, de l'honorer, de luy payer des tributs, & de luy obeir fidelement ;* comme il paroiſt manifeſtement par les preceptes & par la pratique de St. *Paul,* & de notre ſauveur. Mais la Doctrine & les Principes que *Rome* approuve, ſont tout à fait contraires & à la Pratique & aux Preceptes de Jeſus Chriſt & de ſes Apotres : Que St. *Pierre,* que St. *Paul,* que notre ſauveur meſme faſſent & diſent ce qu'il leur plaira : Qu'ils *recognoiſſent* s'ils veulent *l'authorité Souveraine de l'Empereur : Qu'ils commandent qu'on luy obeiſſe,* quand meſme il ſeroit Payen, & *qu'on ſe ſoumette à ſa puiſſance :* Tout cela n'eſt rien : & à Rome, on ne recognoitra point d'autre PUISSANCE SOUVERAINE *que le* PAPE ; qu'ils ſont, comme je l'ay deja fait (*n*) voir, incomparablement *plus grand que les Roys ;* & qu'ils croyent *ſi fort au deſſus des puiſſances ſeculieres,* que quand il le *jugera à propos,* il peut depoſer un Roy ou un Prince Souverain, & defendre ſous peine d'anatheme & d'excommunication à tous ſes ſujets de luy payer des *Tributs,* de le *craindre,* de *l'honorer,* ou (*o*) d'OBEIR A AUCUN DE SES COMMANDEMENS. Car c'eſt là le ſtile ordinaire de leurs anathemes, & de leurs Bulles d'excommunication ; & particulierement de cette Bulle que je viens de citer, dans laquelle *Pie V.* depoſe la Reyne *Elizabet.* Cela poſé, & il eſt mani-

(n) Vid. loc. citat. cap. ſolicitæ 6, Extra de *Major. & Obed.* ou le Pape *Innocent* 3. dit que la puiſſance Pontificale eſt plus grande que l'Imperiale, autant que le ſoleil eſt plus grand que la Lune ; & la Gloſe ſur cet en-droit dit qu'il eſt 47. fois plus grand : La *Note* dit 57. fois ; Mais il y a une addition, qui ſans doute n'y a pas eſté miſe ſans une meure conſideration, qui dit, que la Puiſſance du Pape ſurpaſſe 7744. fois celle de l'Empereur.

(o) *Præcipimus univerſis ſubditis, ne illi ejuſve mandatis, aut legibus audeant obedire, qui ſecus egerint Anathematis ſententiâ innodamus.* Ita Bulla *Pii* 5.

feſtement

de Damnat. *Eliz.* an. 1570. *Eliz.* 13. in Bullario Rom. Lugd. 1655. Tom. 2 p. 303. Quelquesfois ces Bulles defendent aux sujets, *Ne consilium, Juvamen Operæ, Operamve aliquatenus impendant Regi deposito;* comme dans la deposition de l'Empereur *Frederic II.* In Bullario dicto Tom. 1. p. 106. Col. 1.

festement vray, *Jugés si des sujets peuvent sans commettre un grand crime, & un peché criant, croire cette doctrine impie & seditieuse de Rome, contre le commandement exprés que notre bienheureux Sauveur & ses Apotres nous ont laissé dans l'Evangile.* Et s'ils ne la peuvent pas croire sans commettre un grand crime; comme constamment ils ne le peuvent pas;

Il n'est pas moins vray qu'ils ne peuvent ni croire cette doctrine, ni la mettre en pratique, sans jetter leurs ames dans un danger eminent, & mesme sans deses-perer entierement leur salut, si la repentance ne vient au secours de ces ames malheureusement abusées.

Et l'on doit icy remarquer une chose *que l'on ne peut nier;* c'est que non seulement *la Doctrine & les principes receus* dans l'Eglise de Rome, approuvent *l'Excommunication & la deposition des Roys, la dispense que l'on donne aux sujets de leurs sermens de fidelité, la defence que l'on leur fait d'obeir aux ordres ou aux loix de leurs Princes deposés,* & la permission qu'on leur donne de se rebeller contr'eux; *en sorte qu'ils peuvent sans peché prendre les armes, & tuer tous les Heretiques, Princes & sujets:* Mais aussi que les sujets *sont encouragés à le faire;* & que pour les y inciter, on leur *promet le Paradis, & la vie eternelle,* s'ils meurent dans une guerre contre *les ennemis de la Foy* Catholique, contre *les Heretiques & les Infideles.* Et ces promesses leur sont faites par *les decretales* mesmes de leurs Papes; par ces decretales, dis-je, qui sont approuvées & passées en (p) Loy, & qui se trouvent dans les Editions de leur droit canon les plus nouvelles & comme ils le disent eux mesmes les plus correctes, publiées avec l'approbation & par l'authorité de *Gregoire* XIII. comme il paroist par sa Bulle. Cette

(p) Vid. Gratian. Can. *Omnimum* 46. Cauf. 23. Quæst. 5. & ibid. Can. *Omni tempore* 9. Quæst. 8. vid. Glossam & Turrecrematam ad dictos Canones.

Cette *promesse* estoit deja *belle* ; Mais comme depuis plusieurs siecles les Papes ont tousjours esté fort liberaux des promesses de choses qu'ils n'avoient pas le pouvoir de donner ; *Innocent III.* encherit sur celles que ses predecesseurs avoient faites : Et outre *une entiere remission des pechés,* il promet non seulement le *Ciel,* mais aussi un plus haut degré (q) de Gloire dans ce mesme *Ciel* aux *croisez,* c'est à dire aux soldats qui estoient marqués d'une Croix, & que l'on disoit avoir esté levés contre les Sarrazins pour recouvrer la Terre Sainte ; mais qui en effett furent employés ou en tout ou en partie, avec les mesmes indulgences, contre les pauvres (r) *Vaudois,* qu'ils massacrerent de la maniere du monde la plus cruelle & la plus inhumaine. Aprés cela il est aisé de voir combien le peché peut estre *dangereux,* & dans quels perils il peut jetter l'ame, lors que l'on est ainsi encouragé & incité à le commettre : Et quelques foibles que soient les Lumieres & le discernement d'un homme, il luy sera aisé de le remarquer, sans qu'il soit necessaire d'en produire de nouveaux exemples ou de nouvelles preuves. Concluons donc *que ces principes des Papistes, sont non seulement dangereux, lors qu'ils sont creus & mis en Pratique ; mais mesme qu'ils sont pernicieux, & qu'ils rendent notre salut incertain, ou plustost qu'ils rendent nostre damnation infaillible, si la repentance n'en previent l'effett.*

(q) Vid. Bullam *Innocentii* 3. dat. Laterani 19. Cal. Jan an. Pontificat. 18. & an. Dom. 1215. Mag. Bullar. Rom. Tom. 1. p. 89. Sect. 17. dictæ Bullæ. *Nos ideo,* ce sont les termes de la Bulle, *omnibus* PLENAM *peccatorum* OMNIUM VENIAM *indulgemus, & in retributione justorum* SALUTIS ÆTERNÆ POLLICEMUR AUGMENTUM. Et ce *Juge Infaillible,* du moins comme il le pretend, bastit cette puissance de pardonner les pechés & de donner de plus grands degrés de gloire, sur la *puissance de lier & de delier,* qu'il pretend faussement & ridiculement avoir esté donnée à St. *Pierre* en particulier : Mais tous les Apotres l'avoient aussi bien que St. *Pierre* ; & il n'y a pas d'Evesque dans le monde, qui n'y ait autant de droit que le Pape.

(r) *Catholici, qui crucis assumpto charactere, ad Hæreticorum exterminium sese accinxerint, illa gaudeant indulgentia, quæ accedentibus ad Terræ sanctæ subsidium conceditur.* Concil. Lat.

sub

ſub *Innocent* 3. Can. 3. vid. dictum Leonis Papæ 4. apud Gratian. Can. *Omni timore* 9. Cauſ.33.Quæſt. 8.

Mais outre que ces *Principes de l'Egliſe Romaine* ſont
dangereux & pernicieux à l'egard de l'ame & de la Conſcience ; Et que, *ſi la repentance n'en previent l'effet,* ils de-
truiſent entierement le ſalut ; Ils ſont encore dangereux à
les conſiderer par les yeux de la prudence civile ; & ils
ſont *pernicieux aux Princes & aux puiſſances Souveraines ;*
puiſque lors qu'on les met en Pratique, ils privent ces
Princes de *leurs Honneurs, de leurs Eſtats* & meſme *de leur*
vie. Il n'eſt pas neceſſaire d'apporter beaucoup de
preuves pour faire voir la verité de ce que j'advance ; elle
n'eſt que trop manifeſte : & la ruine de tant de grand Princes, cauſée par des Papes & par leurs Sectateurs, qui approuvoient, & meſme mettoient en pratique ces principes ſeditieux dont nous parlons, ſuffit pour nous en convaincre. Je dis, la Ruine de pluſieurs grands Princes,.

1. De ceux, qui n'eſtoient point Proteſtans ; & cela
devant ou aprés la Reformation.

2. Depuis la Reformation ; des Princes qui eſtoient à
à la verité Proteſtans, ont eſté excommuniés & de-
pouillés de leurs Royaumes & de leurs eſtats, comme Heretiques ou comme fauteurs d'Heretiques : Il
eſt vray que la plus part de ces excommunications
n'ont eſté que des *fulmina Bruta,* qu'un foudre qui
n'a fait que menacer, & que loin de produire l'effet
que ſon Autheur impie s'en eſtoit promis, elles n'ont
preſque cauſé aucun mal. Mais nous n'en avons pas
l'obligation aux bonnes intentions du Pape, & nous
n'en devons remercier que la providence du Ciel.

1. Pour le premier, les Hiſtoires Authentiques nous diſent que le Pape (*s*) *Zacharie*
depoſa *Childeric* ou *Chilperic*
Roy de *France* vers le milieu
du 8

(*s*) Et un peu avant luy le
Pape *Gregoire* 2. avoit de-

du 8 Siecle. 2. *Gregoire VII.* depofa l'Empereur *Henry IV.* dans l'onzieme Siecle, & fufcita de malheureufes & de fanglantes rebellions dans l'Empire d'occident. 3. Dans le 12 Siecle le Pape *Sylveftre III.* excommunia l'Empereur *Henry V. Et magnas turbas in Germania excitat,* dit *Veffergenfis.* 4. Le Pape *Innocent III.* excommunia vers le commencement du 13 Siecle, *Othon IV.* 5. *Innocent IV.* dans le mefme Siecle depofa l'Empereur *Frederic II.* Enfin pour paffer les

pofé l'Empereur *Leon Ifaurus* parce q'il eftoit contre le Culte des Images. Cela arriva en 729. vid. Baron. Ann. ad ann. 730. num. 5. ou il adjoute cette remarque fur la depofition de ce Prince.----*Sic exemplum pofteris DIGNUM reliquit Gregorius ne in Ecclefia Chrifti REGNARE SINERENTUR HÆRETICI PRINCIPES.* Et ce Cardinal approuve par tout cette doctrine, *&c.* vid. Baron. ad ann. 593. num. 86.

autres fous filence, C'eft à ces principes deteftables que l'on a tousjours attribué & que l'on imputera tousjours la mort de *Henry III.* & de *Henry IV.* Roys de *France* ; & les Autheurs impies de ces affaffinats barbares avoient efté inftruits & confirmés dans la croyance de cette doctrine diabolique. Il eft plus que conftant, que l'action deteftable de *Jaques Clement* qui affaffina *Henry III.* fut hautement loüée & approuvée par le Pape *Sixte V.* dans cette *Harangue* (t) egalement *fameufe & impie,* qu'il fit au Confiftoire des Cardinaux, qui fans doute eftoient auffi fatisfaits de cette action que le Pape le pouvoit eftre ; & qui fut enfuite imprimée & publiée a *Rome.* Marque evidente que quoy qu'ils deuffent avoir

(t) Cette Harangue impie de *Sixte V.* fut imprimée à Paris, en l'An. 1589. fuivant l'Edition latine de *Rome,* comme le certifient 3. Docteurs de *Sorbonne* dans leurs atteftations.

honte d'une action auffi abominable, ils n'en avoient pourtant point du tout: Car affurément ils n'euffent jamais imprimé ce qu'ils n'approuvoient pas.

2. Mais fi ces maximes & ces principes de l'Eglife de *Rome,* font dangereux & pernicieux pour toutes les puiffances Souveraines en general, mefme pour les Princes

Catho-

Catholiques Romains, comme il paroift par ce que nous avons dit ; ils le font beaucoup plus pour les Princes & pour les peuples Proteftans, qu'ils entreprement bien plus particulierement. Car,

1. Tous *les Proteftans, Roys & Sujets*, eftans *declarés Heretiques*, ont efté excommuniés, & anathematifés (a) *folemnellement* par le Pape *Paul IV.* Il y a environ 120. ans : & afin que nous en puffions prendre cognoiffance, la forme de cette excommunication a efté *depuis peu inferée* dans le corps (b) de *leur Droit Canon*. Cette excommunication contient plufieurs particularités dignes de remarque ; comme, 1. Que *Tous les Heretiques, de quelque* (c) *dignité qu'ils foient, Barons, Marquis, Comtes, Ducs, Roys, & Empereurs* ; fans en excepter aucun, font tous compris dans la mefme Malediction, & dans le mefme Anatheme. 2. Que non feulement les Heretiques de ce temps là, font les objets de cette excommunication : mais *auffi TOUS ceux qui* (d) *DEVOIENT ESTRE APRES EUX* ; Deforte que fa *Majefté Britannique*, & fes Sujets Proteftans, font à prefent auffi bien fous la Malediction, que l'eftoient la Reyne *Elizabet*, & fes Sujets au premier *an du Reigne* de cette Princeffe, lorfque la Bulle fut publiée pour la premiere fois. 3. Que

(a) La forme de cette *excommunication* fe trouve à prefent dans le corps du Droit Canon, lib. 7. Decret. lib 5. Tit. 3. de Hæret. & Schifm. cap. 9.

(b) La Bulle de l'Excommunication eft datée à *Rome*, l'an. 1558. qui eftoit le 1 d'*Elizabet*.

(c) *Quacunque dignitate, etiam Comitali, Baronali, Marchionali, Ducali, Regiâ, feu Imperiali præfulgeant.*

(d) *Quicunque HACTENUS à fide deviarunt, feu IN POSTERUM deviabunt, feu in Hærefin incident, &c.*

3. Que cette Bulle ne fut point donnée *à la legere,* & avec precipitation, mais quelle le fut *aprés une meure* (e) *deliberation* avec les Cardinaux, par leur Conseil, & de leur consentement unanime. C'estoit ce semble une action aussi premeditée,

(e) *Habitâ cum Card. deliberatione maturâ, & de eorum consilio, & unanimi assensu,* &c.

& faite avec autant de deliberation, qu'elle estoit impie; Car on ne peut nier qu'elle n'ait esté impie, & elle sera tousjours regardée comme telle par des Juges raisonnables, & non passionnés. 4. Que les peines que cette Bulle inflige aux Heretiques, sont (f) *L'Excommunication, la Suspension, la Privation,* & toutes les autres peines, *qu'aucun Pape* ait jamais denoncées contre les Heretiques, dans quelque Canon ou dans quelque autre constitution que ce soit; & *Paul IV.* confirme & approuve dans cette Bulle tous ces Canons & toutes ces constitutions, & pretend qu'elles soient PERPETUELLEMENT *observées.* 5. Que pour les *Roys* (g) & les *Empereurs* (il en est de mesme des Barons, des Marquis, des Comtes, & des Ducs) ils sont TOTALEMENT & POUR JAMAIS PRIVES *de leurs Royaumes & de leurs Empires,* & rendus *incapables* de les jamais posseder. La mesme censure s'estend sur les Evesques, & sur les Archevesques, qui estoient *Heretiques, lors* que cette Bulle fut publiée; & sur ceux *Qui in posterum in Hæresin incident,* qui POURROIENT estre *Heretiques*

(f) *Omnes suspensionis, excommunicationis, interdicti, Privationis Pœnas, à QUIBUSVIS Rom. Pontificibus, aut pro TALIBUS HABITIS, per eorum Literas extravagantes, seu in Conciliis, seu Patrum Decretis, & Canonibus, QUOMODOLIBET contrà Hæreticos latas, approbamus, innovamus, & PERPETUO OBSERVARI volumus, &c.*

(g) *Regnis & Imperio PENITUS & IN TOTUM sint PRIVATI, & ad illa de cætero inhabiles & INCAPACES.*

A

A L'ADVENIR. Et la conſtitution qui denonce cette Malediction, n'eſt pas pour un temps ſeulement ; mais CONSTITUTIO IN PERPETUUM VALITURA ; c'eſt une Conſtitution, & un Anatheme, qui devoit avoir lieu, & eſtre en force contre les Heretiques, *pour tousjours.* De plus, il n'eſt pas beſoin icy d'une Procedure juridique pour convaincre une perſonne d'Hereſie, avant que l'Anatheme tombe ſur elle ; Mais, *EO IPSO ABSQVE ALIQVO JVRIS VEL FACTI MINISTERIO,* (ce ſont les propres termes de cette excommunication impie) *Tous les Heretiques, ſans eſtre accuſés ni convaincus Juridiquement, ſont actuellement & en cette qualité ſous l'excommunication.* Deſorte que *ſa Majeſté Britannique, & toute la Nobleſſe Proteſtante d'Angleterre, tous les Archeveſques, tous les Eveſques, eorum etiam* (b) *receptatores, fautores, &c.*

(h Vid. Conſtit. 34. Clementis Papæ 10, qui ſuit immediatement, & Alexandri 7. conſtit. 16. dat. Romæ an. 1656. In Bullario Rom. Tom. 4. p. 218. ou nous ſommes renvoyés à pluſieurs autres formes de cette nature.

Et tous ceux qui les receuront, ou qui les favoriſeront, ſont *actuellement* excommuniés & maudits. Et icy, je ſouhaite que nos Papiſtes d'Angleterre, qui ſe piquent autant de fidelité, que qui que ceſoit,

me diſent, s'ils favoriſent leur Roy, comme de bons & de veritables ſujets, ou s'ils ne le font pas ? S'ils ne le font pas, ils ne ſont donc, ni ne peuvent eſtre de bons & fideles ſujets ; s'ils le font, ils deſobeiſſent donc a leur Juge Souverain & infaillible, & ainſi ils ſe trouvent ſons une meſme excommunication, & ſons une meſme malediction, que nous ; & par conſequent, ils ne ſont point membres de cette Egliſe Romaine qu'ils exaltent ſi fort, quoy qu'avec peu de raiſon.

2. Mais comme ils craignoient que cet Anatheme ne produiſiſt pas l'effet qu'ils s'eſtoient promis, & qu'il ne foudroyaſt pas les Proteſtans, qu'ils regardent

quoy

quoy qu'injuſtement, comme les Heretiques les plus mechans & les plus dangereux qui ſoient au monde ; ils ſongérent à trouver un moyen de joüer à coup ſeur, & je ne doute pas qu'ils n'euſſent eſté bien aiſes que le ſuccés euſt repondu a leurs eſperances ; ainſi donc pour rendre cette excommunication plus efficace, ils reſolurent de la reiterer ſolemnellement à Rome tous les ans, le *Jeudy Saint* ; ce qu'ils font dans cette Bulle egalement fameuſe & impie de la (a)

Cene du Seigneur : Ou tous les Proteſtans, Princes & Sujets, ſont Anathematiſés nom par nom : *Nous* (b) *Excommunions & Anathematiſons*, dit le Pape, *Tous* les Sectateurs de *Hus*, de *Wiclef*, les *Lutheriens*, *Zuingliens*, *Calviniſtes*, *Huguenots*, *&c.* *Et tous ceux qui les RE-CEVRONT, DEFFEN-DRONT & FAVORISE-RONT*. Et icy derechef,

(a) Voyés une forme de cette Bulle dans le Bullaire Romain. Tom. 4. p. 528. Conſtit. 34. Clementis 10. an. 1671.

(b) *Excommunicamus & Anathematizamus ex parte Dei, & Authoritate Petri & Pauli, ac noſtrâ, quoſcunque Huſſitas, Wickliffiſtas, Lutheranos, Zuinglianos, Calviniſtas, Hugonottos, &c. eorumque receptatores, fautores, & defenſores.*

C'eſt à nos Catholiques Romains, de conſiderer ſerieuſement, *à quelles extremités, l'ambition & l'orgueil ſans exemple de leurs Papes, les a reduits* : Car ſi ſelon que *le requiert leur devoir, ils defendent leur Roy, ils ſont maudits & excommuniés à Rome* ; Et s'ils ne le font pas, alors ils *ne s'acquitent* point envers leurs Princes de ces devoirs *de Fidelité, auſquels* les Loix divines & naturelles les obligent indiſpenſablement ; & par conſequent *ils ſeront maudits dans le Ciel, ſelon leurs merites* : Et icy la queſtion ſe peut reduire en deux mots, & les Catholiques Romains ont intereſt d'y repondre ; s'ils *ſont reſolus d'obeir à Dieu, ou* s'ils veulent obeir *au Pape.*

3. Mais ce n'eſt pas encore tout ; car aprés avoir lancé l'Anatheme & l'Excommunication contre tous les Princes Proteſtans ; aprés les avoir depoſez, & de-
pouillés

pouillés entièrement de leur Dignité & de leur puiſſance Royale ; aprés les avoir condamnés à une incapacité eternelle ; & aprés les avoir mis hors d'eſtat de pouvoir jamais rentrer dans ces Droits, & dans ces privileges perdus ; un autre Anatheme qui eſt comme une conſequence du premier, ſuit immédiatement cette excommunication : Leurs Sujets ſont declarés libres de toutes les obligations de fidelité, dans lesquelles ils eſtoient à l'egard de leurs Princes ; & ils en ſont diſpenſés, tantque ces Princes ſont ſous l'Excommunication. C'eſt ce que nous apprend la Decretale d'*Honorius* (c) III. qui a eſté paſſée en loy (d) par *Gregoire* IX. & confirmée & approuvée par *Gregoire* (e) XIII. *Pendant que quelque* (f) *Seigneur demeure excommunié,* dit elle, *ſes SUJETS NE LUY DOIVENT AUCUNE FIDELITE.* C'eſt là le Tiltre ; & il ſuit aprés dans la *Decretale,* (parlant d'un *Comte qui eſtoit excommunié*) Que le Pape commande à ceux à qui il ecrit de (g) declarer aux ſujets de ce Comte excommunié, qu'ils eſtoient*ENTIEREMENT ABSOUS DE LEUR SERMENT DE FIDELITE, tant que leur Seigneur demeureroit excommunié.* Il n'eſt pas neceſſaire devous dire combien *cette doctrine peut eſtre dangereuſe* pour ſa *Majeſté Britannique,* & pour

(c) Honorius 3. præpoſito archidiac. & H. canonico Sueſſion.

(d) Cap. *Gravem* 13. Extra de *Pœnis.*

(e) In Bulla corp. Juris Can. præfixa.

(f) *Domino excommunicato manente, SUBDITI FIDELITATEM NON DEBENT.* C'eſt ainſi que porte l'argument ou le Titre de ce 13. chap.

(g) *Fideles ipſius quandiu in excommunicatione perſtiterit, ab ejus FIDELITATIS JURAMENTO DENUNCIETIS PENITUS ABSOLUTOS.* Ce ſont les paroles de ceDroit; vous en pouvés voir d'advantage ſur ce ſujet dans la Gloſe & dans le Comment du Card. *Turrecremata* ſur ce Canon.

pour tous les *Princes Protestans,* qui sont à present
actuellement *excommuniez à Rome;* & combien ils
se doivent *peu fier à leurs Sujets Papistes:* Puisque
ces Sujets sont *persuadés par leurs loix authentiques,*
& par la Sentence positive & definitive de leur Juge
Souverain & infaillible, Qu'ils ne doivent aucune fidelité à leurs Souverains, tant qu'ils sont excommuniés.

4. *Ce n'est pourtant pas encore tout;* Car *l'excommuni-*
cation, & *l'anatheme des Princes Protestans* faits par
le Pape, sont d'une *consequence* bien plus grande, &
produisent, du moins selon *leur sentiment, un effet bien*
plus pernicieux, que tous les precedens: Car tous les
malheurs que produisent jusques icy leurs *excommuni-*
cations, quelques grands qu'ils soient en leur genre,
ne sont pourtant que *temporels;* c'est à dire que jusques icy ces Princes excommuniés ne peuvent perdre
que leur *puissance Royale,* leurs *Biens,* leurs Pays, &
leur *vie mesme.* Mais, disent ils, il y a un autre effet de
ces excommunications, un effet spirituel & qui regarde l'ame, qui est le plus grand des malheurs, &
qui entraisne avec soy tout ce que cette ame peut
ressentir de misere: Car, disent ils, les Heretiques,
c'est à dire les Protestans, mourans excommuniés,
comme font tous les bons Protestans, sont *eternellement*
damnés. Car, 1. un fort
grand (h) *Canoniste An-*
glois qui vivoit du temps
que le *Papisme* regnoit malheureusement en Angle-
terre, dit *Que toute per-*
sonne excommuniée est UN
MEMBRE DU DIA-
BLE; Et pour prouver
cette proposition, il cite
Gratian & le *Droit* (i) *Ca-*
non. Mais un autheur
bien plus considerable
que *Lindewood* ni *Gratian,*

(h) *Excommunicatus est*
MEMBRUM DIA-
BOLI. Lindewood in Glos-
sa ad cap. *Seculi Principes.*
Verbo, *Reconciliationis.* De
Immunitate Ecclesiæ.

(i) Gratian. Can. Omnis
Christianus. 32. Cauf. 11.
Quæst. 3.

&

& qui est bien plus moderne, s'explique plus intelligiblement, & nous dit formellement : (a) Que le Pape *Gregoire VII. non seulement deposa l'Empereur Henry IV.* mais qu'il *l'Excommunia, & qu'il LE CONDAMNA A LA DAMNATION ETERNELLE.* Et pour cela il cite les *Lettres* mesmes (b) de *Gregoire,* qui apparemment *savoit bien quelle estoit sa propre pensée, & le sens de son decret.* Desorte qu'au jugement du Pape & du Cardinal, cette excommunication est une *Sentence definitive,* & un *Decret Papal,* par lequel les personnes excommuniées sont *adjugées & consignées* pour ainsi dire *à une damnation eternelle :* Et dela nous pouvons apprendre quel est le sens de ces *Tiltres* que l'on *met ordinairement à la teste de ces sortes de Bulles excommunicatoires ;* comme, ceux ci (c), *DAMNATIO, & Excommunicatio* Hen. VIII. par le Pape *Paul 3.* (d) *DAMNATIO & Excommunicatio* Elizabethæ *par* Pie 5. Ou il semble par ce que le Pape & le Cardinal nous ont dit cy dessus, que ce n'est pas une damnation temporelle, qui est le but, ou du moins l'unique but de ces sortes d'Excommunications ; mais que la Damnation eternelle & de l'ame & du corps, est ce que ces Anathemes impies & peu charitables tachent de procurer. D'ou aussi il s'ensuit manifestement que tous les Protestans, Roys & Sujets, Princes & Peuples, qui sont actuellement anathematisés & excommuniés par plusieurs Bulles, & par plusieurs

ful-

(a) *Non modo deponi, sed etiam excommunicari, & in* ÆTERNO EXAMINE DAMNARI DECREVIT. Baron. annal. Tom. 8. ad an. Christi 593. num. 86.

(b) Gregor. 7. lib. 4. Epist. 2. & 23. Et lib. 8. Epist. 21.

(c) Bullario Rom. Pauli 3. Constit. 7. p. 704. Tom. 1.

(d) Constit. Pii 5. 101. Ibid. Tom. 2. p. 303. Edit. 1655.

fulminations Papales, font dans une condition dans laquelle leur falut eft prefque defefperé : Et ainfi par cette Theologie peu Chreftienne & peu charitable de l'Eglife Romaine, s'ils meurent fans l'abfolution de *Rome* comme ils le font & comme ils le doivent faire, ils font eternellement damnés. Je dis cecy, non que je croye que ces Bulles & ces excommunications Papales produifent, ou puiffent produire de pareils effets, ou qu'elles foient capables de jetter les Proteftans, foit Roys foit fujets, dans ces pretendus dangers ; Car je fais & je crois que ce ne font que des Eclairs qui ne font qu'eblouir, que des *fulmina bruta*, que des feux artificiels & des fufées que l'on ne doit point craindre, en un mot qu'elles ne peuvent ni bleffer leurs ames à prefent, ni empecher leur falut cy aprés : Mais malgré tout cela, elles peuvent eftre trés dangereufes & trés pernicieufes aux Princes Proteftans ; en ce qu'elles fervent & peuvent fervir à encourager leurs Sujets Papiftes à fe rebeller, à defobeir à leurs Souverains, & en un mot à faire en feureté, du moins pour ce qui regarde la confcience, & la bonté ou l'injuftice de l'action, toutes chofes pour procurer leur ruine. Car ceux qui recognoiffent l'authorité pretendue du Pape ; qui croient qu'il peut priver leurs Princes de leur puiffance & de leur authorité Royale, & qu'il l'a actuellement fait ; qu'il peut les abfoudre, & qu'il les a abfous de toutes les obligations & de tous les engagemens de fidelité qui les attachent à eux ; que leur Prince eft maintenant un membre du Diable, & qu'il fera immanquablement damné cy aprés ; & enfin que ce n'eft pas un meurtre que de le tuer : Ceux, dis-je, qui fe foumettent au Pape, & qui croyent ces Doctrines impies & erronées, (comme tous ceux qui recognoiffent le Pape ou l'Eglife Romaine pour infaillibles ne peuvent fe difpenfer de les croire) ne font que trop incités non feulement à fe rebeller & à defobeir, mais auffi à entreprendre d'abord qu'ils le pourront, & que l'occafion leur fera favorable, fur la vie de leur Prince, comme eftant une perfonne odieufe & aux hommes & à Dieu, & declaré tel par le
Pape

Pape leur Juge Infaillible & Souverain, par les loix receues parmi eux, & par leurs Conciles Generaux : Sur tout voyant que si cet attentat leur est fatal ; que si en cherchant à oster la vie à leur Roy, ils perdent la leur ; leur memoire sera benite ; leurs noms seront couchés en Lettres rouges dans l'Almanach, & en un mot ils seront reputés Martyrs, du moins par ceux de leur parti ; comme chacun sçait que *Campian, Garnet* & les autheurs de la *Trahison des poudres* sont reconnus pour tels. Honneur que nous avons si peu de raison de leur envier, qu'il seroit à souhaiter pour nous, que les Autheurs de la nouvelle conspiration qui vient d'estre decouverte, fussent deja selon leurs merites mis au rang de ces Martyrs ; afin qu'ainsi nous puissions estre delivrés de la crainte que nous doivent inspirer leurs entreprises prodigieuses & detestables, & des malheurs qu'ils avoient taché d'ameiner sur le Roy, sur l'Eglise, & sur l' estat ; Et d'autant plus, qu'il n'y a que trop de raison de croire que tant qu'ils vivront, & tant qu'ils en auront & les moyens & l'occasion, ils poursuivront ces desseins noirs & sanglans. *Grand Dieu, qui peus seul nous garentir de ces dangers, detourne de dessus nos testes ces funestes presages.*

Ce sont la les maximes & les doctrines cognues de l'Eglise Romaine, qui sont approuvées & reçeües par l'authorité Souveraine de cette Eglise, & qui dans la Theorie, & lors qu'elles sont creües peuvent estre tres dangereuses ; mais qui dans la pratique & lors qu'elles sont mises en execution, (& ceux qui croyent ces doctrines impies agissent selon ces principes) sont generalement pernicieuses aux Roys, aux Princes, & aux Peuples, & sur tout à ceux que l'on appelle faussement Heretiques ; c'est à dire, à tous ceux qui n'embrassent pas leurs Erreurs ; & par consequent à tous les Protestans, Roys & Sujets. Or que les Papistes, & principalement les *Jesuites,* depuis qu'ils ont malheureusement paru dans le (*a*) monde ; comme aussi tous leurs *Ecclesiastiques seculiers & reguliers,* avec leurs *adherents,* ayent depuis

(a) Leur Ordre fut approuvé & institué par *Paul* 3. en 1540. & a tousjours

depuis plusieurs siecles agi conformément à ces principes; toutes les Histoires etrangeres aussi bien que les notres en font foy, & nous apprennent en mesme temps combien de meurtres sanglans & barbares, combien de depositions de Roys,& combien de funestes Tragedies doivent la naissance à cetteDoctrine & à ces pratiques.

esté hautement protegé & favorisé par les Papes suivans. vid. Bullar.Rom.Lugd. 1655.Tom.1.p.738.

1. Je passe legerement sur l'horrible Massacre des *Vaudois*, qui conformément à ces principes ont esté persecutés par le feu & par l'épée; executés par des armées (b) entieres, & soumis à des Tribanaux d'Inquisition : Desorte que des milliers, ou pour mieux dire, un nombre infini de personnes Innocentes ont esté, de l'adveu mesme des autheurs Papistes, *inhumainement massacrées*, sur tout en *France*, pour ne point parler des autres Pays; Et cela *Causâ indictâ & inauditâ*, sans leur avoir dit pourquoy on les persecutoit, & sans avoir voulu entendre leurs justifications.

(q) Vid. Matth. Paris ab anno 1100. *Historiam Valdensium. Directorium Inquisitorum. Historiam inquisitionis.* Armachanum,*de Statu & successf. Ecclesiæ, &c.* Ce *Directorium Inquisitorum* dont je parle a esté ecrit par *Nic. Emericus* & est imprimé à Venice en 1607.

2. Je vous prie de faire un peu reflexion sur cette action prodigieuse & Barbare, sur ce grand & detestable Massacre des Protestans de *France*, qui se fit en l'an 1572 ; où soit à *Paris*, soit en d'autres endroits du Royaume, plus de 30. ou (*) 40000 *Innocens Protestans* furent *tout d'un coup cruellement Massacrés* par les Papistes agissans sur les principes dont j'ay parlé. Et bien loin que cette horrible action fust

(*) Abregé Chronologique de l'Hist. de *France* par Mezeray imprimé en 1667. Tom. 3. p. 1082, 1086 ad an. 1572.

publique.

publiquement defadvoüée & condamnée par leur Eglife ; & que les Autheurs impies de ce Maffacre fuffent punis ; la nouvelle en fut reçeüe à *Rome* avec la derniere joye, (c) & l'on en rendit *graces à Dieu* ; comme fi Dieu avoit efté l'autheur & le protecteur de ce crime ; ou du moins comme s'il y avoit eu part. Mais cette joye ne fut pas particuliere à *Rome*, elle fe repandit dans tous les lieux,

(c) Cela eft rapporté & affuré par de *Thou* Hiftorien irreprochable & non fufpect. vid. Hift. *Thuani*, lib. 53. ad an. 1572. p 837. Edit. 1620. Et par *Strada de Bello Belgico*, lib. 7. p. 373. Edit Romæ, 1648.

ou ces nouvelles furent portées ; marque evidente qu'ils approuvoient cette doctrine impie, & fes pernicieux effets.

3. Pour paffer fous filence plufieurs Seditions & plufieurs Rebellions, que ces mefmes perfonnes & ces mefmes principes ont fufcitées en Angleterre du temps de *Henry* VIII. aprés qu'il eut detruit la Souverainneté du Pape en ce Royaume ; & du temps d'*Edward* VI, il eft conftant & manifefte, que le mefme parti pouffé par les mefmes principes, & par les mefmes interefts,, fit *de continuelles confpirations* fous le Regne d'*Elizabet*, & fit tout ce qui luy fut poffible, pour ofter (*) *La vie* à cette bonne Reyne par le *Poifon*, par *le fer* & par les autres moyens impies, qui font ordinaires à ceux qui fuivent ces principes ; pour lever des armées & pour exciter des Seditions, afin de la perdre, & de detruire en mefme temps la Religion dont elle faifoit profeffion : Et que pour les encourager

(*) Voyés la Chronique de *Speeds*, au Regne d'*Elifabet*, an. 1584. ou il parle du Docteur *Parries*, qui incité & encouragé par les Jefuites, par le Cardin. de *Cofme*, & par le Pape, qui luy promettoient une indulgence pleniere pour ce qu'ils appelloient acte meritoire, avoit refolu & entrepris d'affaffiner cette Reyne. Voyés auffi la mefme chofe de *Ed. Efcuyer* qui avoit entrepris

a

à cette action detestable, le Pape leur accordoit sa benediction, & son assistance. Mais d'abord que le Ciel benissant ce que *Rome* maudissoit avec tant d'impieté, ces entreprises se trouverent sans succés, le *Pape* (d) Pie V. *donna les Royaumes* d'Angleterre & d'Irlande *à* PhilippeII.*Roy d'Espagne, qui aidé du secours & de la Benediction de ce Pontife,* envoya *sa flotte invincible* (*du moins comme luy & sa Sainteté se le figuroient*) pour en prendre possession : mais cette flotte formidable fut entierement defaite, & les

d'empoisonner la Reyne sur les mesmes engagemens. voy *Speed* en la vie d'*Elis.* pag. 1163. num. 122.

(d) *In depositione Elisabethæ Angliæ Reginæ, Pius V. Jus Britanniæ & Hiberniæ ad Philippum II. Hispaniæ Regem transtulit, vi cujus donationis, demandatus postea Sidonius fuit anno* 1588. *classe Hispanica instructus, ut Regna Britanniæ possideret.* Remonstrant. Hibernorum per fratrem Rob. Caron part. 1. cap. 3. Sect. 4. p. 7.

desseins impies du Pape furent absolument renversés, non tant par les vaisseaux de la Reyne, qui *estoient en petit nombre,* que par des orages & par des tempestes ; C'est à dire par la main immediate du Ciel, & par une Providence egalement misericordieuse & surprenante. Et ce Miracle fut si visible, que l'Admiral de cette flotte, le Duc de *Medina Sidonia,* dit en jurant & en blasphemant, qu'il craignoit que *Jesus Christ ne fust devenu Luitherien.* Mais *Philippe* apprenant la perte extraordinaire qu'il avoit faite, & la maniere surprenante dont elle estoit arrivée, & voyant dans cette perte la main du Ciel ; dit d'une maniere plus respectueuse & plus sage *qu'il avoit envoyé sa flotte pour combattre contre des hommes, & non contre Dieu,* à la puissance & à la providence duquel il attribuoit la ruine de ses vaisseaux.

4. Cette Reine estant morte, les conspirations des Papistes ne moururent pas avec elle ; le Pape & son

Party

party pourſuivirent leurs deſſeins & leurs entrepriſes impies avec auſſi peu de relache & avec autant d'induſtrie qu'auparavant : ils voyoient & ſavoient que le Roy Jacques, qui eſtoit Proteſtant, eſtoit le Succeſſeur & l'heritier legitime de la Couronne d'*Angleterre* ; cependant ils mirent en uſage tous les Artifices que *Rome* leur put fournir pour l'empecher d'en prendre poſſeſſion : Et pour cet effet le Jeſuite *Parſon* ecrivit un livre pour prouver ce qui eſtoit pourtant evidemment faux, ainſi que *Parſon* le cognoiſſoit ſans doute luy meſme ; puis que le Roy *Jacques* n'avoit point de veritable droit à la Couronne d'*Angleterre* ; que tous les droits & toutes les pretenſions des *Saxons* & des *Normands* & des maiſons d'*York* & de *Lancaſtre* eſtoient entierement & manifeſtement reünis en luy. Mais les *Jeſuites* & les *Papiſtes* n'ayant rien fait par ces artifices, & n'ayant plus de raiſons ni de pretextes de Religion pour advancer *leurs deſſeins dé-raiſonnables & impies*, ils inventerent & reſolurent *d'executer une conſpiration* ſi barbare, ſi deteſtable, & *ſi prodigieuſe*, que jamais *les Payens* ni *l'Enfer* meſme n'en avoient *encore* executé ni meſme inventé de pareille.

(a) Voy les Actes du Parlement 3 *Jacobi* cap. 4, 5. ou le Parlement parle des *conſpirations* INFERNALES & diaboliques *des Jeſuites & des Preſtres Seminaires.* Si vous ſouhaittés une relation plus particuliere de cette Trahiſon, voyés un beau traitté qui porte le Tiltre d'HISTOIRE DE LA CONSPIRATION DE LA POUDRE à CANON. (il eſt en Anglois) Et les autheurs desquels il a pris ce qu'il dit, cités à la derniere page du Traitté ; comme

J'entends la (a) *Conſpiration des Poudres* ; qui n'eſtoit pas un crime ordinaire, dont on puſt fournir quelque exemple; comme de *tuer un Roy*, *d'empoiſonner un Prince*, *&c.* Mais c'eſtoit un *crime noir & epouvantable, & qui n'a jamais eu de pareil*, un crime digne de *Rome*, & d'un Jeſuite, de *faire ſauter en l'air tout un Parlement, le Roy, les Seigneurs, & les Communes : de tuer tout un Royaume dans ceux qui en repreſentent toutes les parties,&* cela

cela en un moment, avant qu'on euft pû prevoir ou mefme foup-conner, *le danger.* Mais quoy que cette Confpiration fuft auffi l'Hiftoire authentique du Jugement de ces Trai-tres, que l'on reimprime à prefent.

prodigieufe dans fon impieté, fur-prenante dans la maniere dont elle fut teniie *fecrette, & cachée fous terre & dans l'obfcurité* ; Cependant toute leur *puiffance,* toute leur *politique* ne put jamais empecher *la providence de Dieu de la penetrer* ; il fut impoffible de la *cacher à ces yeux qui voyent tout.* Il vit cette confpiration epouvantable, & par un effet tout particulier de fa Mifericorde ; il permit qu'elle fuft decouverte pour *le falut & pour la confervation de fon peuple,* pour *la confufion de leurs adverfaires,* fi pourtant ils eftoient encore capables d'en avoir ; pour *la honte perpetuelle des Papiftes & de leur Religion,* qui approuve *ces impietés abominables,* & qui mefme incite & *encourage* les hommes à les commettre.

5. Lorfque le Roy *Jacques* fut endormi avec fes Peres, & eflevé à un meilleur Royaume, ou il eft hors de la portée de ces confpirateurs, facrileges, & où ils ne peuvent parvenir, a moins qu'ils ne fe repentent ferieufement & de bonne heure de ces entreprifes barbares & inhumaines ; leurs deffeins ne s'endormirent point, & fous le Regne de *Charles* I, Ils pourfuivirent leurs confpirations & leurs entreprifes pour la ruine de notre Eglife, & de notre Religion, avec autant de chaleur, qu'ils avoient fait fous le Regne de fon Pere : Et enfin les chofes allerent fi loin que n'ayans plus d'efperance de reuffir, on jugea qu'il falloit fe des

faire du Roy (b) & de l'archevefque de *Cantorbery:* ce furent là les moyens qu'ils crurent les plus apparens, & les plus propres à les conduire à leurs fins, & à introduire cette Religion, qu'ils nom

(b) Cette confpiration des Jefuites & des Papiftes, fut decouverte par *André* de *Habernfeld* au Chevalier *W. Bofwel* Ambaffadeur d'*Angleterre* à la *Haye,* & par celuy cy à l'Archevefque

ment

de *Cantorbery*, après la mort du quel, l'original fut trouvé dans sa Bibliotheque, & d'abord imprimé : & depuis il à esté re-imprimé à *Londr.*s en 1678. sous ceTiltre *La grande entreprise des Papistes sous le Regne de Charles* I. *Angl.* dans lequel on a une relation Authentique de cette conspiration Jesuitique, pour ne rien dire de pis.

ment faussement *Catholique & Chrestienne.* Car il est bien vray que ces meurtres & ces Assassinats barbares pourroient bien advancer la Religion des Turcs, & les erreurs de *Mahomet*, & si vous voulés, le Papisme : mais assurement jamais ils n'ont esté, & jamais ils ne peuvent estre *des moyens Legitimes*, & qu'il soit permis d'employer *pour la propagation du veritable Christianisme.* Cette horrible conspiration contre la vie du Roy *Charles* I. & contre celle de l'Archevesque, &c. fut decouverte par une personne de condition à l'Ambassadeur que l'*Angleterre* avoit alors en *Hollande*, & par l'Ambassadeur à l'Archevesque, qui l'apprit au Roy. Et l'original en ayant esté trouvé dans la Bibliotheque de l'Archevesque aprés sa mort, il fut d'abord publié & imprimé, & j'en ay un exemplaire entre mes mains, comme plusieurs autres en peuvent avoir. Environ ce temps là commencerent nos malheureuses guerres Civiles, & nos Conspirateurs animés par la persuasion de ces doctrines & de ces Principes Seditieux, & encouragés & assistés par le Pape, furent les premiers en armes, & commencerent cette sanglante rebellion ; Et de sang froid ils massacrerent en *Irlande* environ 100000. Protestans, sans y estre incités par aucune autre raison, que par leurs Principes impies & erronées, par lesquels il est permis, & mesme meritoire de tuer les Heretiques, pour advancer la Foy Catholique. Cela n'est que trop connu aux deux Royaumes d'*Angleterre* & d'*Irlande.* Ensuite lors que dans les progrés de cette Rebellion fatale, qui estoit soustenue publiquement par des Anglois, & sous main par des Papistes, ce bon Roy fut pris & mis en prison dans le dessein de faire paroitre sa teste sacrée sur un eschaffaut ; car ordinairement

ment il y a peu de diſtance entre la priſon d'un Prince, & ſa mort; nos Conſpirateurs Papiſtes tinrent *à Londres* une aſſemblee de *Preſtres* & de *Jeſuites*, & firent ſavoir l'eſtat des affaires d'*Angleterre* à une Societé des leurs qui eſtoit *à Paris*, d'ou l'affaire (c) fut renvoyée *à Rome*; & dela par les *meſmes voyes* des ordres & des inſtructions furent renvoyées *à Londres.* En un mot il *fut determiné*, qu'il eſtoit de *l'intereſt de la cauſe Catholique*, que le Roy *mouruſt*; & conformement à cette deciſion, l'aſſemblée *des Preſtres & des Jeſuites*, qui eſtoient *à Londres, jura ſa mort.* C'eſt une verité à preſent univerſellement cognue, & publiée (a) par une perſonne docte & pieuſe, qui eſt ſi convaincue &qui a des preuves ſi inconteſtables de la verité de ce qu'elle a ecrit, qu'elle en fera voir la ſolidité, comme elle a deja offert & promis dans ces ecrits de le faire, en cas qu'on le ſouhaittaſt: Mais je n'ay pas encore ouy dire qu'on luy ait demandé des eclairciſſemens ſur ce ſujet: quoy 'qu'elle ait publiquement promis & proteſté dans des ouvrages qui ont veu le jour, d'en donner des preuves convainquantes: Je doute

(c) La queſtion remiſe à la *Sorbonne,* (qui eſtoit alors tout à fait dans les intereſts des Jeſuites) par les Jeſuites d'*Angleterre*, & qui fut envoyée de *Londres*, eſtoit (par écrit) celle cy *Que voyint que l'Eſtat d'Angleterre eſtoit ſur une revolution apparente, & le gouvernement prés de changer,* on demandoit, *s'il eſtoit permis aux Catholiques de procurer ce changement, pour advancer & pour eſtablir la Religion Catholique en Angleterre,* EN TUANT LE ROY *qu'il n'y avoit pas d'eſperance depouvoir convertir de ſon Hereſie.* La *Sorbonne* reſpondit qu'il eſtoit permis de le faire, & *à Rome* il fut determiné par le Pape & par ſon Conſeil, qu'il eſtoit & PERMIS & EXPEDIENT *aux Catholiques de procurer ce changement, &c.* Voy le livre de Mr. *Du Moulin* cité cy deſſous immediatement.

(a) Reponſe du Docteur *Du Moulin à Philanax Anglicus,* Libelle Papiſte egalement faux & ſcandaleux, & depuis dans un autre traité: Mais n'ayant à preſent ni l'un ni l'autre je ne puis pas marquer les endroits, ni les Pages

meſme

mesme que jamais on les luy demande ; car j'ay des
raisons de croire que ce savant homme en peut produire de bonnes ; & qu'il en produiroit effectivement de
si visibles, qu'elles feroient paroitre manifestement &
leurs conspirations sanglantes, & la verité incontestable de ce qu'il a advancé.

6. Parce que nous avons dit jusques icy, il paroist clairement, que les doctrines & les pratiques seditieuses des
Papistes, ont esté depuis la Reformation tres fatales à
tous nos Princes Protestans, & à leurs fideles sujets ;
& que si elles avoient eu le succés que l'on en atten-
doit, & que l'on a taché de leur faire obtenir par
tous les moyens qu'une mechanceté infatiguable pouvoit suggerer, elles eussent esté pernicieuses & aux Princes & aux Peuples, & n'eussent pas manqué de procurer la ruine des uns & des autres. Et mesme (ce que j'ay
ou-blié) pendant que toute l'Angleterre estoit actuellement dans la communion de l'Eglise de *Rome* ; lors que
Hen. 8, son Parlement & sa convocation, tous Catholiques
Romains, & fort esloignés d'estre Protestans, eurent re-
fusé de recognoitre la pretendue *Authorité Souveraine du
Pape*, & l'eurent declarée
nulle par un acte & par une
(*b*) Loy authentique ; Cependant, marque evidente que
les Pratiques du Pape re-
pondent parfaitement bien
à ses principes pernicieux,
*Paul III. Excommunia, Ana-
thematisa* & (*c*) *condamna le
Roy, & tous ses bons sujets ;*
luy *commanda* (*d*) *d'abroger* &
d'annuller les loix qu'il avoit
faites contre son authorité
souveraine, & de comparoitre à (*e*) *Rome devant Luy*
dans l'Espace de trois mois ;
& pour ses *adherens* &
ceux qui le *favorisoient,*
qui estoient tous ses fideles

(b) Statut. 24. Hen. VIII.
cap. 12. & 25. Hen. VIII.
cap. 19, 20, 21.

(c) *Damnatio & excom-
municatio Hen. VIII, ejusque fautorum & complicum,
&c.* C'est là le Titre de la
Bulle de son excommunica-
tion. In Bullario Rom. Lugd.
1655. Tom. 1. pag. 704.

(d) *Requirimus, quatenus
Hen. Rex leges prædictas re-
vocet, casset, annullet.* Dict.
Bullæ Sect. 4.

(e) *Stricte præcipiendo, man-
damus quatenus Hen. Rex
per se vel procuratorem infra
90 dies, fautores verò & ei
adhærentes infra 60 dies com-
pareant coram NOBIS.* Ib.
Sect. 7.

les Sujets, & entr' autres son Parlement & sa convocation ; il les condamna à comparoitre en deux mois de temps. Et comme ils ne comparurent pas, il ratifia l'excommunication, (f) *Le priva de ses Royaumes & de ses estats, &* deffendit expressement qu' en cas que le *Roy* (g) ou aucun de ses *adherens* vinst à mourir avant qu'il luy eust donné l'absolution, on leur fist des FUNERAILLES telles qu'on les fait aux CHRESTIENS ; & declara qu'ils seroient ETERNELLEMENT DAMNES Ensuite il mit toute (h) la Nation sous cet *interdit* inique, deffendit *les prieres publiques,* (i) *les Messes* & toutes les autres *parties du service divin* ; & non content de cela, il *priva les* enfans *de Henry VIII.* (k) *nez ou à naistre de la Reyne* Anne, *& tous les enfans de ses adherens, & leurs descendans,* sans en excepter aucun, *de tous leurs droits, privileges, & biens meubles ou immeubles* ; & de plus il declara qu'ils estoient *pour l'avenir privés de toutes Dignités, Honneurs, Offices, Droits, Pensions, &c.* qu'autrement ils auroient pû obtenir ; & incapables de les pouvoir jamais posse-

(f) *Hen. Regem privationis Regni & Dominiorum pœnas incurrisse declaramus.* Ibid.

(g) *Si interim ab humanis decedant, Ecclesiasticâ debere carere sepulturâ, authoritate & potestatis plenitudine decernimus ; eosque anathematis, maledictionis & DAMNATIONIS ÆTERNÆ mucrone percutimus.*

(h) *Henrici Dominia, Civitates, &c. interdicto supponimus,* Ib. Sect. 8.

(i) *Nequeant Missæ aut alia Divina officia celebrari,* Ibid.

(k) *Omnes Hen. Regis ex Anna, ac singulorum ejus adhærentium filios, natos & nascituros, aliosque descendentes, (nemine excepto) honoribus, dignitatibus, bonis mobilibus, & immobilibus, &c. privatos, & ad illa aut alia obtinenda, inhabiles esse declaramus ac authoritate, scientiâ, ac plenitudine similibus inhabilitamus.* Ib. Sect. 9.

der.

der. Et il fait tout cela avec *cognoissance, & dans la plenitude de sa puissance.* Ensuitte il va plus loin, & declare le Roy & ses adherens & leurs descendans *Infames, incapables de porter tesmoignage, de faire aucun testament, & de recevoir aucun leg ou benefice par le Testament d'aucun autre.*

(l) *Omnes sub excommucationis ac aliis pœnis monemus, ut præfatos maledictos ac privatos evitent, & quantum in eis est, ab aliis evitari faciant; nec cum præfati Regis Dominiorum, Civitatum, &c. Subditis aut incolis, emendo, vendendo, &c. quamcunque mercaturam, commercium aut communionem habeant.* Ibid. Sect. 12.

(m) *Omnes Christianos Principes, etiam Imperiali aut Regali dignitate fulgentes requirimus.* Ibid. Sect. 15.

(n) *Juramenta, confœderationes, quæ Henricum juvare possunt, irritas, cassas, & inanes decernimus.* Ibid.

Il (l) deffend mesme à tous les hommes d'avoir aucune conversation, communication, ou commerce avec eux; sous peine d'excommunication, & de perte de tous leurs biens, &c. Aprés cela il deffend à tous les Princes (m) Chrestiens, de quelque dignité qu'ils soient revestus, Roys ou Empereurs, de favoriser en aucune maniere ce Roy & ses adherens; & il (n) annulle tous les sermens, accords, traittés, &c. faits ou à faire avec le dit Roy, ou en faveur de luy ou de ses adherens; en outre il

donne pouvoir, & COMMANDE expressément à tous les Princes Chrestiens & à leurs Armées par Terre ou par Mer, de tourner leurs Armes contre ce Roy & contre ses adherens, & de les (a) contraindre à retourner dans le sein de l'Eglise & à rendre Obeissance au Pape. Il dit ensuite que s'il y en a qui recognoissent Henry VIII. pour Roy & luy obeissent; ou qui non obstant les ordres du Pape, refusent de chasser de leurs Royaumes & de leurs Estats

(a) *Principes & quoscunque alios militantes, per mare vel terras, requirimus mandantes, quatenus Hen. Regem & ei adhærentes (dum contra sanctam sedem REBELLIONE permanserint) armis insurgant eosque persequantur & ad obedientiam dictæ sedis redire cogant, eo-*

ce Prince & ſes adherens ;
Tous leurs biens, meubles &
immeubles, Argent, Mar-
chandiſes, &c. dans ou
hors l'Angleterre, ſeront
ſaiſis : Et le Pape de ſa
pleine puiſſance les appro-
prie & les donne à celuy
qui s'en pourra ſaiſir : &
outre cela il accorde à ces
voleurs une entiere pu-
iſſance de poſſeder ces biens
pillés ſur le Roy ou ſur ſes
fideles ſujets ; enſorte qu'ils
en devoient joüir, comme
s'ils leur euſſent apparte-
nu de droit & en propre.

rumque bona, navigia, Ani-
malia, &c. ubilibet (etiam
extra territorium Henrici
Regis) conſiſtentia C A-
PIANT, & ſic capta in
proprios uſus convertendi,
authoritatem concedimus,
illaque omnia ad capientes
PLENARIE pertinere, &
perſonas vel ex dicto regno
originem trahentes, vel in
eo habitantes, mandatis no-
ſtris non obtemperantes, ubi-
cunque eos capi contigerit,
capientium SERVOS fierï
decernentes. Ibid. Sect. 16,
17.

De plus il adjoute que s'ils prennent quelques habitans
d'Angleterre (ſoit naturels du Pays ſoit eſtrangers)
qui obeiſſent au Roy, & qui refuſent d'obeir au Pape ;
tous ceux qu'ils auront pris ſeront leurs eſclaves. C'eſt
là ce que porte cette Bulle impie qui eſt directement
oppoſée aux loix de la nature, & à celles de l'Eſcriture ; aux principes de la Raiſon, & à ceux de la Religion Chreſtienne. Notre bienheureux ſauveur, ce
Prince de Paix, eſt venu non pour *perdre,* mais pour
ſauver ; non pour depoſer les Roys & les Empereurs,
ni pour diſpenſer leurs ſujets de la fidelité qu'ils leur
doivent, ſoit naturellement ſoit par le ſerment qu'ils
leur en ont fait : ou pour les armer contre leurs Gouverneurs ; Il n'eſt pas venu non plus pour leur propo-
ſer *la remiſſion de leurs pechés icy* bas, & un *plus haut*
degré de gloire dans le Ciel, comme la recompenſe de
leur Rebellion. Il n'y a que le Pape, ce pretendu vicaire de Jeſus Chriſt, qui ſoit capable de leur faire
ces promeſſes pour les porter à la revolte & pour les
exciter à aſſaſſiner des Chreſtiens, qui ſont & leurs
compagnons & leurs freres ; que cependant on les veut
obliger de Maſſacrer, parce qu'ils croyent & qu'ils
deffen-

deffendent cette verité divine que le Pape & fes Par-
tifans appellent injuftement *Herefie*. Au contraire il
eftoit *le bon Berger* ; il a mis *fa vie pour fes Brebis* ;
Et lors qu'elles fe font deftachées & egarées de fon
troupeau, il n'a pas *envoyé des chiens & des loups pour
les pour-fuivre* ; Mais il eft allé *les chercher* luy mefme
avec *une bonté & avec une patience infinie* ; & les *ayant
trouvées*, quoy qu'elles fuffent *errantes & hors de fa
Bergerie*, il les a mifes *fur fes propres effaules, & les
a rapportées avec un amour & une peine inconcevable
dans cette Bergerie de la quelle* elles s'eftoient egarées,
comme *peuvent faire fes Brebis, fans pourtant ceffer
d'eftre à luy*. Nous lifons bien que notre Sauveur a
donné charge à St. *Pierre*
de (*b*) PAISTRE SES
BREBIS, & SES AG-
NEAUX. Mais nous n'avons jamais lû, que ce mefme Jefus Chrift, *de qui le Regne n'eftoit pas de ce
monde*, ait donné quelque *commiffion à Pierre*, ou à
fes *Vicaires pretendus*, de *lever des armées*, pour les
tuer & pour les *maffacrer, indictâ causâ* : Je fais
bien qu'il y a des gens qui par une mechante *Logique*
& par une Theologie incomparablement plus mau-
vaife, concluent de ces Paroles, *Pafce oves, Pais mes
Brebis*, que le *Pape a le pouvoir de tuer les Heretiques*.
Comme ce Moyne dont parle *Erafme*, qui par un
grand Zele pour la Caufe de la Religion Romaine,
& par une ignorance plus grande que ne l'eftoit fon
Zele ; tachoit de prouver par ce Paffage HÆRETI-
CUM DEVITA, (*c*) que
le Pape pouvoit tuer les
Heretiques ; Cela fignifie,
difoit le Moyne qui ne favoit point du tout de Grec,
& qui favoit peu de Latin, DE VITA TOLLE *ufte
le de la vie*, c'eft à dire *Tue le*. Mais revenons à
notre fujet.

(*b*) *Jean* 21. *v.* 15, 16.

(*c*) *Tit.* 3. 10.

7. De ce que nous avons dit, nous pouvons, ce me femble, raifonnablement conclure, que *Henry VIII.* n'euft
pas pluftoft pris folemnellement poffeffion de cette
autho-

cette *authorité Souveraine,* qui luy appartenoit deja
legitimement & de droit ; que *le Pape* & fon parti commencerent leurs confpirations, qu'ils n'ont jamais
interrompues ; Mais qu'ils les ont tousjours con-
tinuées,& qu'ils n'ont jamais ceffé de faire des entreprifes *contre la vie, & contre la Religion* de nos *Princes
Proteflans :* tout au moins jufques à l'heureux retour
du Roy ; qui ayant efte par la providence mifericordieufe & fuprenante de Dieu reftabli fur le Throfne
de fes Peres, & remis en poffeffion du Royaume ;
on vit à la grande confolation & à l'utilité de toute
la nation, fucceder une douce paix à tous nos troubles. Le Gouvernement de l'Eglife & celuy de l'E-
ftat, qui avoient efté esbranlés ou pluftoft renverfés
par une horrible trahifon commencée, conduite &
fouftenüe par le Pape, & par les Jefuites, furent heureufement reftablis & appuyés de la force des loix.
Les droits & les Privileges legitimes des fujets leur
furent affurés & confirmés ; une amniftie & un acte
d'oubli & de pardon de toutes les Seditions, de
toutes les Rebellions & de toutes les autres chofes
faites contre le Roy & contre les Loix, furent favo-
rablement accordés ; & la felicité & le fruit de
toutes ces chofes s'e-ftendirent auffi bien
fur les Papiftes, que fur les autres fujets de fa Majefté. Deforte qu'outre *l'obligation, ou la nature &
leur ferment les avoit mis de garder la Fidelité à leur
Prince & de luy obeir ;* il y avoit encore une *obligation de recognoiffance* pour ces *faveurs fignalées* qu'ils a-
voient receües de *la grace de ce bon Prince,* qui les y
devoir engager. Ainfi l'on fe *flattoit* & l'on *croyoit*
que les Papiftes auroient renoncé à ces pratiques &
à ces maximes de Rebellion, ou qu'ils les auroient
oubliées ; & qu'ils feroient à l'advenir de bons *& de
fideles fujets, comme ils fe qualifoient dans leurs paroles & dans leurs écrits.* Mais ces Efperances trom-
perent ceux qui s'eftoient flattés de ce changement.
Car non-obftant ces engagemens d'obeiffance & de
recognoiffance, les Papiftes, mefme depuis l'heureux
retour de fa Majefté, ont tous-jours continué &
entretenu

entretenu avec autant d'impieté & avec d'induſtrie que jamais leurs entrepriſes & leurs conſpirations contre un ſi bon Roy, contre la Religion receüe & eſtablie en Angleterre, & contre la Paix de
l'Egliſe & de l'Eſtat : Ce qui paroiſt manifeſtement
par cette horrible conſpiration que l'on vient heu-
reuſement de decouvrir par la bonté de Dieu. Afin
que vous cognoiſſiés en general ce que c'eſt que cette
conſpiration, & que vous voyés que ce n'eſt pas injuſtement que je l'appelle une *Conſpiration horrible*,
Je vous en donnerai ces deux tesmoignages authentiques.

(a) Dans la *Proclamation* pour bannir tous les Papiſtes recuſans, de *Londres* & de 10. miles des environs, en datte du 30 *Octobre*, 1678. 9 *Novembre.*

I. Le Roy l'appelle luy meſ- me *(a) un deſſein SANG- LANT & PERFIDE des PAPISTES recuſants, con- tre la PERSONNE Sacrée de ſa MAJESTE ; contre le GOUVERNEMENT, & contre la RELIGION PROTESTANTE.*

(b) Arreſté de la Cham- bre des Communes fut leü dans la Chambre des Seig- neurs qui l'approverent dans une conference le 1 le *Novem.* 1678.

II. La Chambre des Com- munes dans un arreſté *(b)* de cette Chambre ap- prouvé par la Chambre des *Seigneurs,* dit ainſi ---- Declaré, &c. *Que le Senti- ment de cette Chambre eſt qu'il Y A EU, & qu'il Y A* ENCORE une *CONSPIRATION DAMNABLE & IN- FERNALE, conduite par les PAPISTES RECUSANS pour ASSASSINER & MASSACRER le ROY ; (Je tremble en rapportant ces paroles :) pour RENVER- SER le GOUVERNEMENT, & pour deraciner & DESTRUIRE la RELIGION PROTESTANTE.*

Par ce que j'ay dit juſques icy, vous pouvés, ce me
ſemble, aſſés cognoiſtre quels ſont, quels ont eſté, & quels
ferent

feront tousjours, les Principes & les Pratiques des Papiftes, tant qu'il y aura un Pape & des Jefuites pour les croire & pour les mettre en execution : Et vous pouvés juger auffi par la de quelle dangereufe confequence ils peuvent eftre ; & que lors qu'on les met, ou qu'on les mettra en execution, ils font & feront tousjours pernicieux à tous les Princes, & principalement aux Princes Proteftans, & à tous ceux que *Rome* appellera juftement ou injuftement Heretiques. Ces Principes qu'ils recoivent & qu'ils recognoiffent, & defquels j'ay fait mention cy deffus, font les fuivans ;

1. Le Pape felon eux eft MONARQUE *Souverain* de tout le monde, mefme dans les chofes temporelles ; au moins *indirectement*, & comme le difent quelques fois ceux d'entr'eux qui font les plus moderés, *in ordine ad fpiritualia* ; mais cette diftinction n'apporte aucune confolation ni aucune feureté aux Princes Temporels. Car que le Pape ait cette authorité immenfe *directement* ou *indirectement*, c'eft tout un ; Il l'a, quoy qu'il en foit ; & qu'un Prince foit depofé ou affaffiné *par l'une ou par l'autre fin de cette diftinction*, il eft egalement & auffi feurement tué ; comme celuy qui eft tué du trenchant ou de la pointe d'une Epée eft tousjours egalement tué.

2. Ils difent que le Pape peut (c) *Excommunier, Anathematifer, & Damner les Roys.*

3. Qu'il peut les *depofer, & les priver de leur Authorité Royale, & de tous leurs Droits.*

4. Qu'il peut *abfoudre leurs fujets* de toutes obligations de fidelité & d'obeiffance, tant de celles qui font naturelles, que de celles qui naiffent du ferment.

(c) *Et ce pouvoir immenfe que le Pape s'arroge d'Excommunier, & de depofer les Roys & les Empereurs, eft tel que fi quelque Roy ou quelque Empereur n'obeit pas aux ordonnances du Pape & de fes Conciles, il eft* ipfo facto *privé de fes Dignités, biens, &c. Ce n'eft pas un particulier qui nous le dit, mais c'eft un de leurs Conciles Generaux*——Omnibus Chrifti Fidelibus inhibet fub pœnâ PRIVATIONIS

OM-

OMNIUM DIGNITA-
TUM & BONORUM
Ecclesiasticorum & Munda-
norum, & aliis pœnis juris ;
etiamſi REGALIS ſit dig-
nitatis, aut IMPERIALIS ;
quibus ſi contra hanc IN-
HIBITIONEM fecerint,
ſint AUTHORITATE
HUJUS DECRETI &
IPSO FACTO PRIVA-
TI, *&c. Concil. Conſtanti-*
enſe, Seſſ. 38. in ſententia
contra Benedictum 1 3. *Mais*
de plus, s'ils ſont ſeulément
negligens à executer les De-
crets des Papes & des Con-
ciles, ils encourent les meſ-
mes punitions— SI NEG-
LIGENS extiterit cujuſ-
cunque dignitatis fuerit, etiamſi IMPERIALIS, *&c.*
illas pœnas IPSO FAC-
TO incurrat, quæ in Con-
ſtitut. Bonifacii Papæ con-
tinentur, cap. felicis 5. Extra
de Pœnis in 6. *Ce ſont les*
Paroles du meſme Concile de
Conſtance, Seſſ. 39. In Pro-
viſione adverſus Schiſma fu-
turum.

5. Qu'il *peut armer les ſu-*
jets contre *leurs Princes* ainſi
depoſés par le Pape leur *Juge*
Souverain & infaillible in re-
bus facti & fidei, dans les choſes
de fait, & dans celles de la foy.
ſe-lon la doctrine publiquement
profeſſée par les Jeſuites,
par les Canoniſtes, &c.

6. Que *prendre* ainſi *les ar-*
mes contre *ſon Souverain depoſé*
par le Pape, n'eſt pas ſe rebeller
contre ſon Roy ; puiſque ſelon
leurs deteſtables Principes, d'-
abord qu'il eſt depoſé il ceſſe
d'eſtre leur Souverain.

7. Que ſi dans une guerre
de cette nature, ils tuent leur
Roy, & particulierement s'il eſt
Heretique, ce n'eſt ni un crime,
ni un *homicide,* ni un *meurtre ;*
mais une *œuvre meritoire,* à laquelle le Pape a promis une *in-*
dulgence pleniere, le pardon de
tous les pechés, & un plus
haut degré de gloire dans le
Ciel.

8. Meſme pour les encourager à commettre ces crimes
deteſtables, il leur propoſe tout ce qu'il y a de plus glo-
rieux icy bas pour des Chreſtiens ; il leur promet qu'ils
feront reconnus pour Martyrs, que leurs noms feront eſ-
crits en Lettres Rouges dans leurs Almanacs ; & il les
aſſure que ceux que l'on fait avoir eſté rebelles à leurs
Princes, & avoir eſté juſtement executés pour leurs Trahi-
ſons & pour leurs conſpirations, ſont de grands Saints
dans le Ciel. Conformement à cela, comme nous l'avons
deja dit & prouvé, ces Scelerats qui furent executés par
les

les mains de la Justice, pour la Conspiration prodigieuse & detestable des poudres, sont mis au nombre des Martyrs dans le Martyrologue des Jesuites. Jugés à present, & que tout le monde juge, si ces principes ainsi soustenus (a) & appuyés ne sont pas d'une consequence tres dangereuse pour tous les Princes, & sur tout pour ceux d'entr'eux qui sont Protestans.

(a) Les Jesuites n'avoient pas promis moins de 100000 francs pour assassiner sa Majesté, & prés de 60000 francs à une personne pour assassiner le Juge *Godefrey* comme il paroist par les Papiers de la derniere conspiration & par la confession de Mr. *Bedlow.*

Mais pour ce qui regarde le Danger de ces Doctrines, ce que nous en avons dit n'est pas encore tout, quoy que ce soit deja trop; Car non seulement c'est une doctrine receüe dans l'Eglise Romaine, que le Pape peut deposer les Roys & les Empereurs, s'ils sont Heretiques, & nous devons estre persuadés que les Protestans seront tousjours considerés par l'Eglise Romaine comme tels Mais de plus cette mesme Eglise enseigne,

I. Que les sujets peuvent legitimement aussi bien que le Pape deposer leurs Souverains, s'ils sont Heretiques.

II. Que mesme ils le doivent faire, & qu'ils sont estroitement obligés soit par le commandement qui leur en est fait, soit en bonne conscience, de deposer leurs Princes s'ils sont Heretiques.

III. Leurs Ecrivains les plus considerables & les plus approuvés recognoissent publiquement dans leurs livres imprimés avec privilege & sous l'authorité de leur Eglise, que les 2 propositions precedentes sont approuvées par tous les Catholiques. Au moins, suis je seur, qu'elles n'ont jamais esté *publiquement condamnées* par aucun acte, par aucun decret, ou par aucune *Sentence de cette Eglise*; & par consequent nous avons raison de croire qu'elle les approuve. Car *Qui non prohibet peccare cum possit, jubet. Qui n'empeche point de pecher, lors qu'il le peut, le commande.*

Pour preuve de cette verité, je ne vous donnerai que deux ou trois tesmoignages de leurs propres escrivains, dont les ouvrages ont esté imprimés avec approbation & permission ; qui disent positivement & tachent de prouver, ce que j'ay rapporté icy. 1. Un d'entr'eux dit (b) que c'est le sentiment de *TOUS LES CATHOLIQUES* que les Sujets *SONT OBLIGÉS* de deposer un *ROY* Heretique ; Et il adjoute (c) qu'ils sont *OBLIGÉS* par la *LOY de DIEU*, par les *LIENS* & par les engagemens les *PLUS ESTROITS DE LA CONSCIENCE*, & au *DERNIER PERIL de leurs AMES*, de *DEPOSER LES PRINCES HERETIQUES.* Leur grand Controversiste le Cardinal *Bellarmin* en dit autant, (mais avec plus d'authorité) en parlant des Princes Heretiques, (d) *DU CONSENTEMENT DE TOUS*, (c'est à dire de tous les Catholiques Romains) *les Princes Heretiques peuvent & DOIVENT estre PRIVES DE LEURS ESTATS.* Et dans un Livre (e) approuvé par les Jesuites, & extremement loüé par celuy (f) qui donna l'approbation & la permission de l'imprimer, il est dit, 1. *Que la puissance & l'authorité du* (g) *PEUPLE est plus grande que celle du Prince.* 2. *Que le PEUPLE* (h) *aussi bien que le Pape peut declarer un Roy Tyran :* Et que lors que le

(b) *OMNIUM CATHOLICORUM Sententia, &c.* Jos. Creswel dans son Philopater ; Sect. 2. num. 160.

(c) *Præcepto DIVINO, & arctissimo CONSCIENTIÆ VINCULO, ac EXTREMO ANIMARUM suarum PERICULO ; Hæreticos Principes DETURBARE.* Ibid. n. 162.

(d) Bellarm. de Rom. Pontif. lib. 5. cap. 7. Sect. *Probatur.*

(e) Mariana de Rege & Regis institutione, Moguntiæ, 1605.

(f) Vid. Censuram authoritate Regiâ factam, Marianæ libro præfixam.

(g) Cap. 6. p. 68.

(h) Ibid. p. 59, 60.

le Pape ou le *PEVPLE l'a declaré tel, (i) CHAQVE PARTICVLIER le peut TVER.*
3. Il adjoute, *Que celuy là est un (k) Tyran, qui tache de ruiner la Religion de son Pays*; vous pouvès estre seur qu'il entend icy la Religion Romaine; ainsi, par ces principes Jesuitiques, tous les Princes Protestans sont des Tyrans, & chaque particulier les peut legitimement tuer. Desorte qu'il est visible, que ces Principes des Papistes sont non seulement dangereux, mais mesme pernicieux à tous les Princes Protestans, qui estans Heretiques, à leur conte sont par consequent Tyrans, & peuvent estre declarés tels par le peuple, & tués par le premier particulier.

(i) *Regem si Tyrannus declaretur à Papâ vel POPVLO, QVILIBET ETIAM PRIVATVS potest IVSTE PERIMERE.* Ibid.
(k) *Tyrannus est qui SACRA PATRIA pessundat.* Ibid. p. 60.

Je sais qu'il y a des Catholiques Romains, qui nient que cette doctrine soit approuvée dans leur Eglise; & qui nous disent au contraire qu'elle y a esté expressément condamnée comme scandaleuse & comme erronée soit dans ce qui regarde la Foy, soit dans ce qui regarde les moeurs: & pour preuve de cela ils citent le (l) *Concile de Constance*; Mais pour les refuter,

(l) Concil. Constant. Sess. 15. *In condemnatione illius Propositionis, quilibet Tyrannus, &c.*

1. Je rapporterai les Paroles de ce Concile, Et 2. Je repondray à ces Paroles.

Voicy les Paroles du Concile, & la Proposition qui y a esté condamnée--- *Quilibet Tyrannus potest licité ac meritorié occidi, per quemlibet vassallum & subditum, etiam per insidias, vel blanditias, vel adulationes, non obstante quacunque Juramento seu confœderatione factis cum eo, non expectatâ sententiâ vel mandato Judicis cujuscunque.* C'est à dire, ----*Tout Tyran peut legitimement & meritoirement estre tué, par un de ses vassaux ou sujets, mesme par trahison ou par flatterie; nonobstant tous les sermens qui peuvent luy avoir*

esté

*esté prestés ; ou tous les Traittés faits avec luy ; & sans atten-
dre la Sentence de quelque Juge que ce soit.*

2. C'est là la Proposition condamnée par les Peres du
Concile (*a*) General de Con-
stance : Car dans l'Eglise de
Rome il est recognu pour un
Concile General approuvé &
confirmé par un veritable Pape ;
quoy qu'ils ayent peu de raison
de le recognoitre pour tel, comme il paroist par ce qu'en a dit
Gesner, (*b*) à quoy *Longus*
(*c*) *à Coriolano* n'a pas encore
repondu, quelques efforts qu'il
ait faits pour cela. Mais ce
sont icy les addresses ordinaires
de l'Eglise Romaine, & cette
Proposition est maniée si fine-
ment & avec tant d'Art, qu'il semble que le Concile dise
quelque chose pour la seureté des Princes & des Roys ;
Ce pendant il ne dit rien du tout de positif & d'essentiel sur
ce sujet : Car,

(*a*) Ils advouent que c'est
un *Concilium generale approbatum, & à Gregorio XII
vero Pontifice confirmatum.*
Longus à Coriolano in summa Concil. pag. 858. Ce-
pendant il y rejettent ce
qui ne plaist pas au Pape,
Idem Ibid.

(*b*) Gesner. in Præfat. ad
Epitom. Concil. ex additis
ad Chronicum Urspergens.

(*c*) Longus à Coriolano,
pag. 866.

1. Il n'y a rien dans cette Proposition, ou dans la
Censure que le Concile en a faite ; qui condamne ou qui
desapprouve en quelque maniere la puissance qu'usurpent les Papes d'excommunier & de deposer les Roys,
d'absoudre leurs Sujets du serment de Fidelité, & de
donner leurs Estats & leurs Royaumes à d'autres : On
n'y parle que *du meurtre & de l'Assassinat des Tyrans* ;
mais il n'y est aucunement parlé de l'Excommunication, ni de la Deposition des Roys, &c.

2. Le Concile ne nie pas que *tout Tyran ne PUISSE
estre tué* ; mais ce qu'il condamne comme une proposition erronée ; c'est que *tout Tyran puisse, &
DOIVE aussi estre tué :* Or c'est là une Proposition
conjonctive & copulative ; qui en Logique est une
fausse Proposition : lors que l'une des deux parties est
fausse, quoy que les deux ne le soient pas. Par
exemple

exemple cette Proposition est fausse & erronée, TOUT *Homme est raisonnable & savant*, par ce que l'une des deux parties de cette Proposition est fausse ; Car quoy qu'il soit vray que *tout homme est raisonnable*, il ne l'est pourtant pas que *tout homme soit savant*. De mesme quoy qu'à *Rome* on accorde que *tout Tyran peut estre tué*, on accordera pourtant difficilement que *tout Tyran doive estre tué*. Car qu'un homme soit effectivement un Tyran & un Usurpateur, & qu'il n'ait aucun droit à la Couronne ; Cependant pourveu qu'il soit Catholique Romain ; qu'il soit fort Zelé pour la Religion & pour les interests de *Rome* ; qu'il les deffende & qu'il les souftienne hautement ; ou du moins que ce soit un Tyran sous lequel ils receuront plus de faveur & seront mieux traittés que sous le veritable Roy ; alors ils ne diront plus *qu'il DOIT estre tué*. C'est là je crois, la raison pour la quelle le Pape & son parti n'ont jamais creu, que *CROMWEL DEUST estre tué, quoy qu'il just un veritable Tyran* ; Et qu'ils ne l'ont jamais entrepris : Pendant que d'un autre osté ils ont souhaitté & mesme taché d'oster la vie à *CHARLES Martyr*, qui estoit un veritable Roy, & qui lors qu'i' parvint à la Couronne, y avoit un droit legitime ; pourquoy cette difference ? parce que *Cromwel* les favorisoit plus que n'avoit fait *Charles* I, & qu'ils estoient plus à couvert de la severité des loix sous *Cromwel*, qu'ils ne l'avoient encore esté jusques là, ou qu'ils ne devoient esperer de l'estre à l'advenir, si les veritables Roys eussent esté en possession de la Couronne. Sous *Cromwel* on ne les forcoit point à prester les sermens de Fidelité, & de *Supremacie* :

(*d*) Notre Liturgie, & la forme de nos *Communes Prieres* estoient suppri-mées : on avoit passé une *Ordonnance, que personne ne seroit censuré pour ne pas aller à l'Eglise :* Desorte qu'il n'y avoit aucun moyen de decouvrir & de convaincre Juridiquement un *Papiste recusant*. Sur ces fondemens les Peres du Concile de *Constance*, ont pû con-

(d) Par lequel on recognoit le Roy pour SEUL CHEF de l'Eglise *Anglicane, &c.*

damner

damner comme erronée cette proposition, *Quilibet Tyrannus, &c.* Tout Tyran *PEUT & DOIT* estre tué; Et cela sans avoir condamné celle cy, *tout Tyran PEUT estre tué.*

3. Lors qu'ils condamnent comme erronée cette Proposition; *Tout Tyran peut LEGITIMEMENT & MERITOIREMENT estre tué*; Sur ce pied la *Proposition est erronée*, & pouvoit en cette qualité estre condamnée par le Concile; Mais cependant cela n'empechoit pas que l'on ne pust croire *qu'il estoit PERMIS* de tuer un Tyran; quoy que l'on ne creust pas que ce fust *un acte Meritoire.*

4. Quand le Concile dit, qu'un Tyran ne peut estre tué Legitimement *per quemcunque Vassallum & Subditum, par aucun de ses Sujets*; Ce n'est qu'une pauvre consolation pour les Roys & pour les Princes; & cette precaution ne les met nullement à couvert. Car quand un Roy est tué, il est fort indifferent si l'assassin est un de ses Sujets, ou s'il est estranger. Il est tous-jours tué: Desorte que non obstant tout ce que dit le Concile de *Constance*; ils peuvent tous-jours louer un estranger pour tuer un Prince Protestant, comme *Lopez* le fut pour assassiner la Reyne *Elisabet*, & un Espagnol pour assassiner *Maurice de Nassau*; ou, comme c'estoit effectivement le dessein de la Conspiration, qui auroit apparemment reussi, si la providence misericordieuse de Dieu, n'en avoit miraculeusement empeché le succés, le Pape donnera le Royaume d'*Angleterre* & la Nation aux estrangers, & envoyera une flotte Espagnole, comme il fit au temps de la Reyne *Elisabet*, ou une armée Francoise pour tuer & le Peuple, & le Roy, & pour prendre possession du Royaume. Mais *Dieu qui est misericordieux, & qui peut seul nous mettre à couvert des suites d'un si funeste presage, veuille en detourner les effets de dessus nos testes.*

5. Lors

5. Lors que ce Concile nie cette Proposition (*Vn Tyran peut estre tué par chacun de ses Vassaux ou de ses Sujets*) & qu'il en condamne l'Affirmative comme erronée ; Il ne s'exprime qu'en singulier : *per Vassallum & Subditum.* Et ainsi sa decision sur ce point n'empeche pas que plusieurs de ses Sujets, ou la plus grande partie, ou bien tout le corps de ces mesmes sujets ne le puissent faire : Et quoy que cette doctrine soit impie & erronée ; à *Rome* neantmoins elle est Catholique, c'est à dire Catholique *Romaine* ; & plusieurs ecrivains des plus illustres & des plus eminens de cette communion la soustiennent & la deffendent.

6. Mais enfin cette sentence & cette decision du Concile General de *Constance,* est si loin de prouver ce pour quoy on la produit ; c'est à dire, demontrer, *que l'Eglise de Rome n'approuve point la deposition ou l'assassinat des Roys,* qu'elle prouve manifestement & directement le contraire. Afin que cela paroisse plus evidemment ; & pour vous epargner la peine d'aller chercher les Paroles de ce Concile, où je lés ay citées, je les rapporte icy une seconde fois,& vous les pouvés voir à la marge : (*a*) dans ces Paroles il est manifeste ; 1. Que lors le Concile y condamne le meurtre des Tyrans qui se fait *NON EXPECTATA SENTENTIA AVT MANDATO JUDICIS*; sans attendre la sentence ou le commandement du Juge ; il insinüe qu'il y a un Juge dont il faut attendre le commandement & la sentence. Car il seroit ridicule de parler d'attendre la sentence ou le commandement d'un Juge, s'il n'y avoit un Juge dont il fallust attendre la sentence.

(*a*) *Quilibet Tyrannus potest ac debet licitè ac meritoriè occidi per quemcunque Vassallum & Subditum, etiam per insidias, blanditias, vel adulationes, non obstante quocunque juramento, aut confederatione factis cum eo ; NON EXPECTATA SENTENTIA VEL MANDATO JUDICIS CUJUSCUNQUE.* Conc. Constant. ubi suprà Sect. 15.

rence 2. Que quoy que selon nous & selon la verité les Roys & les Princes Souverains n'ayent ni ne puissent avoir aucun Juge icy bas (estant necessaire que le Juge soit superieur & en puissance & en jurisdiction à la personne Jugée ; autrement il ne peut pas estre un Juge legitime & competent ; & dire que les Roys & les Princes Souverains ont quelque Superieur sur la Terre où ils sont Souverains, c'est dire une contradiction manifeste) Cependant à *Rome* il en est autrement : Car 3. on y soutient constamment que *le Pape & le Peuple* sont au dessus des Roys, & peuvent porter sentence contr'eux, & les declarer Tyrans. 4 Il s'ensuit donc que si les Sujets ne peuvent pas tuer leurs Roys qui sont Tyrans, sans attendre une telle sentence ou un tel commandement ; aussi quand ils ont *attendu & reçeu* l'un ou l'autre, alors ils les peuvent *legitimement & meritoirement tuer*. Car *Exceptio firmat Regulam in non exceptis*. 5. Il faut de plus remarquer qu'il y a, *Sententiâ vel Mandato Judicis*, par la sentence ou par le commandement du Juge : Desorte que si quelque personne particuliere a *le Commandement* du Pape ou du Peuple, qui sont

(b) *Regem, si Tyrannus declaretur à PAPA vel POPULO, quilibet etiam PRIVATUS potest JURE PERIMERE.* Mariana de Rege & Regis institut. Mogunt. 1605. pag. 59, 60.

(b) les Juges que les Papistes recognoissent en cette occasion, ou la *Sentence* de l'un ou de l'autre, par laquelle le Prince soit declaré Tyran ; alors selon la Politique impie de *Rome*, c'est un Titre suffisant à chaque particulier pour avoir droit de tuer un tel Roy. Et de cette doctrine Catholique Romaine, il s'ensuit manifestement, que d'abord que dans les guerres civiles d'*Angleterre*, & dans ces malheureuses rebellions, le Parlment eut declaré Tyran *Charles Martyr* ; il n'estoit plus besoin d'establir une haute Cour de Justice, comme on l'appelloit sans raison ; Mais que chaque particulier estoit en droit de tuer ce Prince, & le pouvoit legitimement faire. 6. De plus il faut encore remarquer,

quer, que selon les Principes de *Rome* la *Tyrannie & l'heresie sont des crimes par lesquels les Roys meritent egalement la Deposition & la mort*; & que dans la doctrine de cette Eglise, un *Prince Heretique* (c) & un *Ty-*ran ne sont qu'une mesme chose. D'ou il sensuit, 1. Que si le Pape commande à quelcun de tuer un *Prince Protestant*, ou un *Heretique*, car dans l'Eglise Romaine c'est la mesme chose; alors selon le Decret & la Doctrine du Concile de *Constance*, il le peut faire legitimement. 2. Que quand mesme il ne luy donneroit point de Commandement positif; pourveu qu'il passe seulement une sentence definitive contre un tel Prince & que par une bulle il le declare Heretique, excommunié & deposé, (d) *ou fauteur d'Heretiques*; chaque particulier est assés authorisé pour le tuer. Desorte que lors que *Pie V.* eut excommunié la Reyne *Elisabet*, chacun des sujets de cette Reyne pouvoit selon cette Theologie des Papistes, la tuer, sans attendre une authorité plus ample, ou quelque crime plus considerable. Jugés aprés cela, si ces principes ne sont pas extremement dangereux, incompatibles avec la Fidelité que lon doit à son Souverain, & pernicieux aux Princes Protestans. Aussi les Roys & les Parlements d'*Angleterre*, ayans reconnu par une fatale experience les consequences dangereuses & pernicieuses de ces principes, ont publiquement declaré ce qu'ils en pensoient, & fait cognoitre l'horreur que leur inspiroient ces doctrines. Je n'en rapporterai que deux exemples.

(c) *Tyrannus est, qui SACRÆ PATRIÆ pessundat.* Ib. pag. 60. C'est à dire *Qui Sacra Papistica, & Religionem Romano-Catholicam, quantum in se est, supprimit & extirpat.*

(d) Dans toutes les excommunications des Heretiques, le Pape s'exprime ordinairement de cette maniere. *Anathematizamus omnes Hæreticos, eorum FAUTORES, & generaliter quoslibet eorum DEFENSORES, &c.* Bulla Cœnæ Sect. 1. in Bullar. Rom. Lugd. 1673. Tom. 5. pag. 528.

1. Le Roy ayant parlé dans une *Proclamation*, des Divisions intestines qui dechiroient l'*Angleterre* ; poursuit en ces termes----

(e) *Proclamation* donnée à *Whitehal* le 16 *Januar.* 26. 1673. & elle se trouve dans la *Gazette*, num. 853.

(e) *Qui sont PRINCIPALEMENT CAUSEES par les inventions ruineuses des PAPISTES RECUSANS, dont le nombre & l'Insolence sont depuis peu CONSIDERABLEMENT augmentés, & de qui les PRATIQUES perpetuelles, & SANS INTERMISSION menacent le renversement, & LA SUBVERSION de l'ESTAT & de l'EGLISE.* Ces Pratiques perpetuelles & sans intermission, sont les consequences malheureuses de leurs Principes impies.

2. Tout (f) un Parlement, & mesme un Parlement Papiste, prend cognoissance des usurpations des Papes, qui s'arrogent le droit & le pouvoir de disposer des Successions & des Royaumes ; & les

(f) Statut. anno 25 *Hen.*8. (cap. 22.) ce qui estoit en l'an 1533. & ce Roy ne fut excommunié qu'en 1538. Magnum Bullarium Rom. Lugd. 1655. Tom.1. p. 704.

condamne en ces mots----*Le Pape CONTRE LES DROITS & les Jurisdictions inviolables accordées IMMEDIATEMENT DE DIEU aux Roys & aux Empereurs, a PRESUME d'investir qui il luy plairoit du Droit d'heriter les Royaumes & les Estats des autres hommes;* Ce que nous, qui sommes vos fideles Sujets, TEMPORELS & SPIRITUELS, *DETESTONS & ABHORRONS.* Telles estoient alors les usurpations des Papes ; mais comme le Parlement l'advoüe, elles estoient abhorrées & detestées par le Clergé, & par les Seculiers. Mais que diroit il à present que comme il paroist evidemment par cette Conspiration damnable qui a esté decouverte depuis peu, le Pape & son parti entreprennent de tuer le Roy (que Dieu preserve) & de disposer de ses Royaumes. Ce n'est donc pas sans raison, raifon, que je dis que ces Principes, qui font l'origine de ces ufurpations & qui les font naiftre font extremement dangereux ; & que lors qu'ils font mis en prattique, & qu'ils reuffiffent, ce que j'efpere qu'ils ne feront jamais, ils font tout à fait pernicieux ; & procurent la ruine de ceux qu'ils entreprennent.

De plus parce qu'il y a plufieurs Papiftes, qui voyans que cette confpiration eft effectivement Horrible & Damnable, condamnent effectivement ou feulement par grimaces, cette confpiration & fes autheurs ; & qui en rejettans la faute & la blafme fur quelques perfonnes particulieres, nient avec beaucoup de hardieffe (pour ne rien dire de pis) que l'Eglife Romaine approuve ou recoive des principes qui puiffent pouffer à des confpirations auffi horribles ; ou mefme qui foient dangereux & pernicieux aus Princes, foit à l'egard de leurs perfonnes, foit à l'egard de leurs Eftats ; outre les Principes de l'Eglife Romaine, defquels je vous ay deja parlé, je vous rapporterai en peu de mots quelques autres doctrines, & quelques autres maximes que cette mefme Eglife recoit ; & qui non feulement ont efté, mais qui tant qu'on les croira, feront touf-jours tres prejudiciables à la perfonne des Princes ; & à la Paix & à la tranquillité de leurs Eftats & de leurs Sujets. Par exemple,

1. L'Eglife Romaine declare formellement *qu'il n'eft pas permis aux Princes Seculiers d'exiger du Clergé le ferment de fidelité* ; & deffend en mefme temps expreffement au Clergé de prefter ce ferment ; quand mefmes on le voudroit exiger. (g) *Nimis de Jure DIVINO quidam LAICI ufurpare conantur, cum viros Ecclefiafticos nihil temporale continentes, ad præftandum fibi FIDELI-TATIS JURAMENTUM compellunt---- Sacri Authoritate Concilii PROHIBEMUS, ne tales CLERICI perfonis SECULARIBUS præftare cogantur hujufmodi Juramentum, &c.* C'eft là la conftitution de leur

(g) Concil. Lateran. Magnum fub Innocentio 3. Can. 43. Vid. Baronium, annal. Tom. 10. ad annum 858. Sect. 49. pag. 155.

leur grand Concile Oecumenique tenu sous *Innocent III.* Et cette constitution a esté inserée dans le corps du Droit Canon (*h*) par *Gregoire IX,* & se trouve dans les meilleures (*i*) Editions de ce Droit, approuvées (*k*) & confirmées par *Gregoire XIII.* Desorte que par les Canons des Papistes, par les loix qui sont establies & reçeues par-mi eux; il n'y a point de Prince seculier qui puisse exiger le serment de fidelité d'aucun Ecclesiastique; & il n'y a aucun Ecclesiastique qui soit obligé de le prester. Mais ce n'est pas tout; Car si quelque Ecclesiastique preste un tel serment, leur droit Canon, pour plusieurs raisons *le declare null, & non obligatoire.* Car, 1. Ils nous disent, qu'un *serment ne peut estre valide & obligatoire, s'il est* (*a*) *contre l'advantage de l'Eglise, & contre les interests Ecclesiastiques:* Mais au contraire leurs Canons portent *que tous ces sermens faits contre l'utilité Ecclesiastique, ne sont pas* (*b*) *proprement des sermens, mais plustost des Parjures.* Et leur droit prend l'exemple *d'un Prince, qui craignant une* (*c*) *CONSPIRATION contre sa personne, fit prester le serment à quelques Ecclesiastiques, & leur fit promettre qu'à l'advenir ils ne* s'engageroient dans aucune conspiration contre luy. Ceux qui l'avoient presté, souhaitterent de savoir combien & jusques où ils estoient liés par ce serment:

le

(*h*) Cap. *Nimis* 30. Extra *de Jurejurando.*

(*i*) Corpus juris Canon. Paris. 1612. & 1618. & Lugd. 1661.

(*k*) In Bullâ dat. Romæ 1 Julii 1580. Corpori juris Canonici præfixâ.

(*a*) *Juramentum contra utilitatem Ecclesiasticam præstitum* NON TENET. Lemma ad cap. sicut 27. *Extra de Jurejurando.*

(*b*) *Non juramenta sed perjuria potius dicenda, quæ contra utilitatem ecclesiasticam, &c.* dicto cap. Sicut 27.

(*c*) *Princeps timens conspirationes aliquas fieri contra eum, juramentum Extorsit, quod, de cætero contra ipsum non essent,* Cap. Petitio 31. Extra de *Jurejurando.*

le droit, & *Innocent III.* donnent cette reponse,

(d) *Qu'ils n'estoient pas si estroittement liés par ce serment, qu'ils ne pussent estre contre leur Prince, (auquel ils l'avoient presté) dans la deffence juste & legitime des droits & des honneurs de l'Eglise, & de leurs propres Privileges.*

(d) *Declaramus vos Juramento hujusmodi* NON TENERI, *quin pro juribus & honoribus Ecclesiæ, & vestris legitimè defendendis,* CONTRA IPSUM PRINCIPEM *stare liberè valeatis.*

Or il est certain que chés les Papistes, le Pape est le seul Souverain Juge dans toutes les Causes Ecclesiastiques ; & ainsi celle qui regard les droits & les privileges de l'Eglise estant une cause Ecclesiastique, il s'ensuit, que s'il juge, comme nous devons bien nous y attendre, que nos sermens de *Fidelité* & de *Supremacie* sont contre les droits & les Honneurs de l'Eglise dont il pretend estre le Chef; Ces sermens ni aucun autre de cette nature ne seront point obligatoires pour ceux de son parti ; ou tout au moins ceux qui les auront prestès ne les croiront pas obligatoires ; ainsi non obstant ces sermens, ils croiront tousjours qu'il leur est permis, lors qu'il s'agit de l'utilité & des interests de l'Eglise Catholique, de se rebeller & de conspirer contre leur Prince. 2. C'est une Regle dans leur (e) *Droit,* & elle est fondée sur la raison, que dans *tous les sermens* il *faut entendre que le droit du Souverain est excepté,* & doit estre conservé. Ainsi si un Vassal jure fidelité à

(e) *Dictum juramentum excusare non potest, in quo debet intelligi jus superioris exceptum.* Innocentius 3. cap. Venientes 19. Extra *De jurejurando.*

son Seigneur, quelque grand que ce Seigneur puisse estre, pourveu qu'il soit Sujet, ce doit tousjours estre *salvo jure dominii principalis* ; ce serment ne doit ni ne peut prejudicier en aucune maniere aux droits du Souverain de ce Seigneur : Cela est constant pour ce qui regarde la Theorie. Or nous sa-

vons

vons que le Pape se croit incomparablement au dessus de tous les Roys, & que ses partisans sont dans les mesmes sentimens : Et par consequent s'il croit, & s'il declare comme il l'a deja fait, que nos sermens de Fidelité & de *supremacie*, sont prejudiciables à ses droits, alors ces sermens ne seront creus obligatoires ni par le Pape, ni par son Parti. 3. Quand mesme ils seroient reconnus pour obligatoires ; ils n'en sont pourtant pas plus valides ; Car ceux de l'Eglise Romaine croyent que leur Souverain Pontife les (f) en peut dispenser, & que s'il le fait, l'obligation est nulle. C'est là le Dogme perpetuel des (g) Canonistes, qui nous disent, *Que le Pape dispense ordinairement & aisement des sermens involontaires ; & non des volontaires ;* que cependant *s'il dispense des sermens volontaires, la dispense est* (h) *valide.* Et ce n'est pas une chose surprenante, que le Pape dispense des sermens volontaires, & involontaires, puisque si nous en croyons *Semeca*, qui a fait la Glose sur cet endroit, *le Pape peut dispenser contre la LOY DE* (i) *NATURE, & contre l'APOTRE.* Cet autheur craignoit mesme si fort que l'on ne passast cet en-droit legerement & sans remarquer ce qui y est dit ; que ces Paroles, *Papa contra Apostolum dispensat, le Pape dispense*

(f) *Papa secundum plenitudinem potestatis, de Jure potest supra jus dispensare.* Cap. *Proposuit.* 4. Extra de *Concession Præbendæ,* Voyês l'Histoire d'Escosse de Spotswood, p. 308.

(g) Vid. Gratian. Can. 2, 3, 4, 5. Cauf. 15. Quæst. 6. la Glose & le Cardinal *Turrecremata* sur ce passage.

(h) *Si tamen absolvat aliquem, absolutio tenet,* Glossa ad dictum Can. 2. verbo, *absolvimus.*

(i) *Dico* (ce sont les paroles de la Glose) *quod contra JUS NATURALE potest dispensare, & contra APOSTORUM.* Glossa Ibid.

difpenfe contre l'Apotre, font mifes en marge, dans les (*k*) anciennes Editions du droit Canon ; & bien loin que dans les dernieres (*l*) Editions de ce droit avec la Glofe ; dans ces (*k*) Edit. Parif. 1522.

(*l*) Edit. Parif. 1612.

Editions, dis-je, qui ont efté confirmées par le Pape *Gregoire XIII.* comme plus Correctes & plus exemptes d'Erreurs ; on ait defadvoué cette Glofe impie & déraifonnable, au contraire dans une note qui y eft mife en marge on l'explique & on la juftifie : *Il n'y a point d'abfurdité* dit l'autheur (*m*) de cette Note, *Que le Pape puiffe difpenfer contre l'Apotre, pour ce qui regarde le Droit pofitif ;* Deforte que les Papiftes peuvent prefter

(*m*) *Non eft abfurdum Papam difpenfare contra Apoftolum, quoad jus Pofitivum.* Nota ad Gloffam ad dictum Can. 2. verbo, Abfolvimus.

autant de fois le ferment de Fidelité & de *Supremacie,* que leur Prince le pourra fouhaitter ; le Pape les en difpenfera, quand il luy plaira, & les rendra libres de tous leurs engagemens & de leur obligation à la fidelité : D'ou il fenfuit evidemment qu'un veritable Catholique Romain, qui croit & recognoift que le Pape peut difpenferde toute forte de fermens, peut prefter cent fermens de fidelité fans pourtant que fon Prince puiffe eftre feur de fa fidelité ; veu que le Pape felon les principes qu'ils recoivent, peut lors qu'ils luy plaira les abfoudre de ces fermens, & les difpenfer de la Fidelité à laquelle ils font obligés. 4. Mais quand mefme tous ces moyens feroient inutiles, quand l'annullation de l'obligation des fermens de fidelité, ne produiroit aucun effet ; toutes fois les Jefuites, qui font les Janiffaires du Pape, ont un nouveau moyen de prevenir fans difpenfe les engagemens dans lefquels ils fe trouveroient par ces fermens : je veux dire leurs Equivoques, la maniere de rectifier l'intention, & leur doctrine des Probabilités. Erreurs pernicieufes qui tendent à la deftruction de la Societé humaine ;

maine ; & qui font maintenant ſi cognues au monde,
qu'il n'eſt pas neceſſaire de s'occuper à les prouver, ou
à en faire voir les conſequences dangereuſes & pernicieu-
ſes. Ce qu'il y a de certain, c'eſt que par ces Principes, il
n'eſt permis (a) à aucun Papiſte de preſter le ſerment de fidelitè à ſon Roy, ou à aucun Prince Seculier ; Et ainſi il eſt aiſé dejuger quels bons Sujets ils ſeront. Car enfin lors que je puis faire quelque choſe juſtement & ſans bleſſer ma Conſcience ; je ne refuſeray jamais dans une occaſion importante de m'engager par

(a) Comme (pour paſſer les autres ſous ſilence) il paroiſt evidemment par le Pere *Parſon* en ſon livre contre le ſerment de Fidelité, dont le Tiltre eſt *Diſcuſſion de la Reponſe du Dr. Guil. Barlow*, & comme il paroiſt amplement dans un nouveau livre du P. *Caron* intitulé *Remonſtrantia Hibernorum, &c.*

ſerment à la faire. S'il eſt de mon devoir, & s'il
m'eſt permis d'obeir aux commandemens de mon
Prince, & de luy eſtre fidele ; je ne ferai pas difficulté de m'y engager par ſerment. Tous les Hommes
par exemple, ſont obligés par les Loix de la Nature,
& par celles de la Morale, de *dire la verité* : *Il eſt
permis de le faire & meſme c'eſt un devoir*. Ainſi donc
quand je ſerai devant un Juge pour rendre teſmoignage ; je puis, & du conſentement de toutes les
nations, je dois faire ſerment ; & par là me lier
moy meſme à dire la verité ; & aſſeurer en
meſme temps les autres que je le feray. Tous les
hommes, dis-je, d'un conſentement univerſel, ſont
indiſpenſablement obligés par la Loy de la Nature
de dire la verité, lors qu'il eſt & juſte & neceſſaire
de la dire ; Et dans un Jugement, le teſmoignage d'une
perſonne ſeroit ſuſpect, & ne paſſeroit jamais pour
convainquant, ſi cette perſonne y eſtant ſollicitée,
refuſoit d'en confirmer la verité par ſerment. Ainſi les
Princes ont juſte Sujet de croire, que ceux qui refuſent de promettre la fidelité par ſerment, ne ſeront
que difficilement de fideles ſujets ſans ce ſerment : La
juſte raiſon qu'ils ont de ſoubçonner la fidelité des

Papiſtes

Papistes de leur Clergé qui refusent de prester le serment de fidelité, paroistra encore plus dans son jour, si nous considerons;

2. Que quand le Papisme regne dans quelque lieu, tous leurs Evesques jurent une fidelité absolüe & illimitée au Pape, & par consequent ne la peuvent pas jurer à leurs Princes en mesme temps, & dans le mesme degré. Le serment que chaque Evesque Papiste doit faire à sa consecration est celuy cy--- (b) I. N *Dores navant serai FIDELE à mon Seigneur le Pape & à ses Successeurs--- Je ne decouvrirai à PERSONNE, au prejudice du Pape, & de ses Successeurs, les CONSEILS & les resolutions qu'ils me confieront--- Je les assisterai à retenir & à deffendre le Papat, & les DROITS* (c)*ROIAUX de St. Pierre, Contre TOUS LES HOMMES--- Je conserverai,*

(b) *Ego N. ab hâc horâ in antea, fidelis & obediens ero ---Domino N. Papæ & suis Successoribus ; Consilium, quod mihi credituri sunt, ad eorum damnum NEMINI pandam. Papatum & REGALIA S. Petri, adjutor ero eis ad retinendum & defendendum CONTRA OMNEM HOMINEM. Jura, Honores, Privilegia, & AUTHORITATEM PAPÆ,---conservare, defendere, & promovere curabo. Non ero in Concilio, facto vel tra...ctatu, in quibus contra Papam---aliqua sinistra vel præjudicialia personarum, juris & potestatis ejus machinentur ; & si talia à QUIBUSCUNQUE tractari novero, impediam pro POSSE, & quanto citius potero, SIGNIFICABO Domino PAPÆ---Mandata Apostolica TOTIS VIRIBUS observabo, & FACIAM AB ALIIS OBSERVARI. HÆRETICOS ET REBELLES DOMINO PAPÆ PERSEQUAR & IMPUGNABO Vocatus ad Synodum veniam.* Ce sont là les Paroles de ce serment, Voy le *Pontificale Romanum de Consecratione electi in Episcopum.* p. 57. Editum Romæ 1611.

(c) Il y a icy REGALIA *Sancti Petri* ; Mais c'est une addition au serment qui estoit deja assés mechant & assés pernicieux ; Car autres fois il y avoit REGULAS SANCTORUM *Patrum,* selon le tesmoignage de leur Droit Canon mesme, Cap. Ego N. 4. Extra de Jurejurando.

I

deffendre

*deffendrai & advancerai soigneusement les Droits,
honneurs, Privileges & Authorité du Pape. Je
ne ferai d'aucun Conseil, d'aucun Acte, ni d'aucun
Traitté, dans lequel on machinera quelque chose
contre la personne, les Droits, & les Privileges du Pape ;
& si je decouvre qu'il y ait quelque traitté de cette nature fait par QUI QUE CE SOIT, Je l'empecherai
de tout mon pouvoir & le ferai savoir au Pape avec toute
la diligence possible : j'observerai de TOUT MON POU-
VOIR LES COMMANDEMENS DU PAPE ; &
les FERAI observer AUX AUTRES, j'attaquerai
& je POURSUIVRAI les HERETIQUES & ceux
qui sont REBELLES à MON SEIGNEUR LE
PAPE je viendrai au Synode, LORS QU'IL M'Y
APPELLERA, &c.* Voila l'estoffe dont est com-
posé cet serment, dans lequel il y a encore plusieurs
autres choses de cette nature. Or c'est là effectivement & *manifestement un serment de Fidelité* qu'ils
font au Pape ; Dans lequel, pour passer plusieurs choses
sous silence ; ils jurent 1. de ne *jamais decouvrir à
PERSONNE,* (pas mesme à leur Roy,) les desseins &
les resolutions *des Papes,* quelques dangereuses qu'elles
puissent estre, mesme des Rebellions & des trahisons.
2. De *deffendre les REGALIA, les DROITS ROY-
AUX, des Papes, contre TOUS LES HOMMES*
(sans en excepter le Roy.) 3. *QUE QUI QUE CE
SOIT* (mesme le Roy) *qui traitte de quelque chose prejudiciable au Pape ;* Ils jurent de s'y opposer & de
l'empecher *DE TOUTES LEURS FORCES.* C'est
là, comme vous voyés, faire *au Pape* un serment *de
Fidelité* illimité & *absolu,* sans aucune reserve, & sans
excepter la Fidelité *qu'ils doivent à leur Roy ;* Ce qui

(d) Vid. Hen. Bracton de Legibus Angliæ, lib 2. Can. 35. Sect. 8. *ou il dit que de son temps, cette clause se trou-voit dans le serment que les. Evesques faisoient au Pape,* SALVA FIDE DOM. RE- (d) pourtant comme nous l'apprend un grand juris-consulte, se faisoit *autres* fois, dans le *serment* que l'-*Evesque* prestoit à sa con-secration; & il est constant que peu avant ce juris-consulte, les Evesques ne prestoient

prestoient point du tout de serment au Pape ; mais seulement luy promet- toient *Obedientiam Cano- nicam.* Car dans le vieil *Ordo* (a) *Romanus,* qui du consentement univer- sel a esté ecrit par (b) *Ar- noldus Constantiensis Pres- byter* environ l'an. 1060. le Metropolitain, (qui sa- cre l'Evesque) demande à la personne qui doit estre sacrée, *Veux* (*) *tu estre sujet & fidele en toutes choses, à St. Pierre, à son Eglise, à son VICAIRE, & à ses Successeurs;* & il repond *Je le veux.* Aprés suit *la promesse de soûmissi- on & de fidelité à son Me- tropolitain.* Mais avec

GIS. Bracton fleurissoit en- viron l'an. 30. de *Henry* 3. Roy d'*Angleterre,* c'est à dire l'an. 1246.

(a) Vid. Ordinem Roma- nam veterem apud Georg- ium Ferrarium de Catholicæ Ecclesiæ divinis officiis ; Rom. 1591. p. 70, 71.

(b) Comme le disent, *Tri- themius* de Scriptoribus, &c. Possevine Apparat. l'un & l'autre dans Arnold. Con- stantiensis,& Vossius de sym- bolis Cœnæ Dom. Thesi 2. p. 441.

(*) *Visne Beatro Petro, suæque Ecclesiæ, ejusque VI- CARIO & Successoribus, fidem & Subjectionem per omnia exhibere. Resp. Volo.*

cette difference : au Pape il promet *Fidem & obedien- tiam per omnia, Fidelité & obeissance en toutes choses,* comme *au premier Patriarche.* Mais au *Metropolitain* il promet seulement *fidem & obedientiam exhibere, de luy estre fidele & de luy obeir :* & il ne jure rien ni à l'un ni à l'autre. Mais passons cecy : Quoy qu'il en soit & en quelque temps que les Papes ayent com- mencé à exiger ce serment des Evesques, il a esté en usage de puis le temps de Gregoire (c) IX. qui com- pila & (d) publia les De- cretales ; dans les quelles vous avés *la forme du ser- ment* que les Evesques *presterent* alors au Pape ; Et ce serment quoy, que deja assés odieux, nestoit pourtant ni aussi long à

(c) Sedet *Gregorius IX.* Anno Dom. 1226. auquel il fut fait Pape.

(d) Cequi se fit en 1230. & il rapporte ce serment à *Gregoire VII.* qui fut eleu en 1073.

beaucoup

beaucoup prés ni auffi pernicieux, que l'eft celuy que l'on *a depuis peu exigé de tous les Evefques.* Car alors les Evefques juroient une fidelité & une obeiffance abfoluë au Pape, comme ils le font encore à prefent (e) CONTRA OMNES HOMINES, *Contre tous les Hommes;* fans en excepter ni les

(e) Vid Cap. Fgo *N.* 4, Extra *De Jurejurande.*

Roys ni les Empereurs; Mais quelques nouvelles Editions du Droit Canon nous apprennent, qu'à prefent non feulement *tous les Evefques,* mais auffi tous ceux qui *reçuivent quelque* (f) *dignité* du Pape, *luy preftent le ferment, & luy jurent fidelité:* Eft il poffible aprés cela, que ceux qui jurent, & qui

(f) *Hodiè omnes recipientes dignitatem à Papa fibi jurant.* Sic Lemma ad Cap. dictum 4. Edit. Lugd.1661.

font obligés de jurer une fidelité & une obeiffance abfolue & illimitée au Pape puiffent eftre de bons & fideles Sujets? & ces principes des Papiftes ne font ils pas & dangereux, & pernicieux fur tout pour les Princes Proteftans? Ne font ils pas incompatibles avec la fidelité qu'un Sujet doit a fon Prince? Et tant qu'ils feront reçeus, l'authorité Souveraine peut elle fubfifter? Ce n'eft pourtant pas tout; & ces principes dangereux font une nouvelle breche à l'authorité Souveraine des Princes & des Roys. Car,

3. Ils exemptent tous *les Ecclefiaftiques* de toutes fortes de *Taxes & de Contributions;* Et les Princes Seculiers ne leur en peuvent impofer fans le confentement, & fans la permiffion du Pape. C'eft là la doctrine conftante & perpetuelle de leurs (g) *Cafuiftes,* de leur (h) *Droit Canon,* & de leurs (i) *Canoniftes,* qui nous difent (k) *Que fi les Laics impofent quelque Taxe fur*

(g) Vid.Filliucium Quæft. Moral.Tract.16.c.11.p.325
(h) Vid. cap. *non minus.*4. & cap. *Adverfus.* 7. extra de Immunitate Ecclefiarum.
(i) Panorm.ad dict.c.4.& 7
(k) Lemma ad dict c. 4.

le Clergé, ils sont excommuniés aussi bien que ceux qui les favoriseront. Et derechef il est dit plus pleinement ; 1. *Que le* (l) *Clergé,* NE DOIT *point, avant que le Pape ait esté consulté, subvenir aux* NECESSITES *des villes, ou de quelque autre place ; mesme lorsque les Laïcs ne sont pas en estat de contribuer.* 2. *Que toutes les constitutions & tous les Edits des Laïcs, imposans des Taxes sur ceux du Clergé, sont nuls & ne peuvent jamais estre obligatoires.* 3. *Que toutes les personnes excommuniées pour de telles charges & pour de tels imposts mis sur le Clergé, demeurent sous l' excommunication comme aussi leurs* SUCCESSEURS, *à moins qu'ils ne fassent satisfaction dans l'espace d'un mois.* Et 4. *Ils nous disent que tout cela est rapporté pour mieux expliquer la loy sur ce Sujet ; afin que les Novices la puissent plus aisément comprendre.* C'est là l'explication qu'ils donnent eux mesmes à ce *Canon,* dans le *Corps le plus* (m) *correct de leur Droit* ; où ils nous disent que c'est un Canon d'un (n) *Concile General,* & par consequent selon leurs principes infailliblement vray, & obligatoire pour tous les Chrestiens : Desorte que par le Droit des Papistes, si quelque

(l) *Clerici non debent necessitatibus Civitatum aut aliorum locorum, etiam ubi Laïcorum non suppetunt facultates, subvenire* (cela est de la derniere cruauté, & bien peu charitable) *nisi prius Rom. Pontifex consulatur.* 2. *Sententiæ & constitutiones editæ à Laïcis collectantibus Ecclesiam, sunt ipso jure* IRRITÆ, *nec ullo tempore convalescunt.* 3. *Rectores excommunicati ob gravamina præmissa, remanent excommunicati, etiam post depositum officium, & Successors, nisi satisfecerint intrà mensem. Hæc dicit ad majorem declarationem & pro novitiis. Lemma ad cap aduersus 7. Extra de Immunitate Ecclesiarum.*

(m) Vid. Corpus Juris Canon. Lugd. anno 1661.

(n) *Dicto* cap. Adversus 7. in Lemmate. Idem *Innocentius* 3. in Concil. Generali Et les notes disent in Concil. *Lateran* cap. 46.

Secu-

Seculier (comme le Roy ou le Parlement d'*Angleterre*) met *quelque Taxe fur le Clergé*, ou exige de luy par une *ordonnance* quelques *Subfides* fans la permiffion du Pape ; Cette *Ordonnance* bien que faite dans les neceffités preffantes du Royaume, eft declarée *nulle* ; & ce Seculier & *fes Succeffeurs*, font excommuniés, a moins que l'on ne faffe fatisfaction. Ce n'eft donc pas feulement quelque *Magiftrat* fubalterne, ou quelque officier *inferieur*, qui eft ainfi excommunié ; mais toutes fortes de perfonnes, (a) de QUELQUE condition, eftat ou DIGNITE *que ce foit*, font *l'objet de ces fulminations*. Cependant afin que nous ne nous imaginions pas que ces excommunications ne font que des actions precipitées & emportées d'*Urbain* V, ou de quelque autre Pape bilieux ; elles ont efté publiées à *Rome* il y a quelques Siecles & y font encore folemnellement publiées tous les ans dans cette Bulle egalement impie & fameufe, *de la Cene du Seigneur*, qui fe lit le *Jeudy Saint* ; Ainfi dans ce jour, auquel notre Seigneur inftitua cette *Sainte Cene*, comme un Sacrement *de notre union avec luy* par une viue fóy, & de la Communion qui eft eftablie entre tous les Chreftiens *par un amour & par une charité non feinte* ; Dans ce mefme jour, dif-je, la plus grande partie des Chreftiens eft Anathematifée & maudite à *Rome*, fucceffivement par tous leurs Papes ; & cela fans aucune autre raifon, que parce ces Chreftiens fouftiennent *la verité de l'Evangile*, & s'oppofent à cette grandeur & à cette authorité que les Papes ufurpent, & s'attribuent quoy que fans juftice & fans raifon. Dans cette Bulle *L'Anatheme* ou *la malediction* que le *Pape* fulmine, *Stilo Curiæ* eft en ces termes. (b) *Nous* excommunions *tous* ceux qui entreprendront *fans la* PERMISSION *fpeciale &*

EX-

(a) CUJUSCUNQUE *conditionis, ftatus aut DIGNITATIS.* Ita *Urbanus* Papa V. Conftitut. 1. Edita anno 1364 In Bullario Rom. Tom. 1. pag. 282.

(b) *Qui Collectas, Tallias, præftantias, & alia onera perfonis Ecclefiafticis, & co-*

EXPRESSE du Pape, de mettre quelque Taxe, quelque impoſt ou quelque autre charge, ſur aucun Eccleſiaſtique ; De quelque dignité qu'ils ſoient, ROYALE, IMPERIALE, DUCALE, &c. comme auſſi tous ceux qui reçoivent aucune Taxe ainſi impoſée quoy que les perſonnes ſur leſquelles elle eſt impoſée la payent VOLONTAIREMENT Ce que nous avons dit juſques icy doit, ce me ſemble, ſuffire pour montrer que ces doctrines & ces excommunications deſeſperées & diaboliques ſont effectivement de l'Egliſe Romaine ; Cependant nous en pouvons produire des preuves encore plus authentiques. Je veux dire leur grand Concile de (c) Latran, compoſé de plus de 1200. Peres, qui ont Synodicalement (d) ratifié cette doctrine ; & tout cela eſt expreſſément confirmé par le Concile de Trente (e), qui nous dit, que cette immunité & cette exemption du Clergé eſt DEI ORDINATIONE, & Canonicis ſanctionibus conſtituta ; c'eſt dans cette veïe que ce Concile (f) ORDONNE, que tous les

rum Eccleſiarum, & beneficiorum Eccleſiaſticorum bonis, aliorumque redditibus —abſque Romani Pontificis expreſſa licentiâ imponunt ; aut ſic impoſita, ETIAM A SPONTE DANTIBUS, recipiunt. Necnon qui per ſe, vel alios directe vel indirecte prædicta facere, exequi vel procurare non verentur, CUJUSCUNQUE ſint præeminentiæ, dignitatis, &c. etiamſi IMPERIALI, REGALI, &c. præfulgeant dignitate, &c. Is ſont tous excommunniés tous les ans, dans cette Bulle Cœnæ. vid. Bullam Alexandri Papæ 7. ſeu conſtitut. ejus 16. in Bullario Rom. Tom. 5. data erat dicta Bulla Idib April, 1656. Et Bullam Clementis Papæ 10. dat. Rom. 7. Cal April. an. 1671. Ejuſdem Bullarii, Tom 5. Conſtit. Clement. 10. 34. & dans ces 2 Bulles, Sect. 18.

(c) Concil. Lateran. ſub Innocentio Papa 3. anno 1215. Can. 46.

(d) Concil. Lateran magnum ſub Innocentio 3. ann. 1215. Can 46.

(e) Seſſ 25. cap. 20. De Immunitate Eccleſiarum.

(f) Decernit ac PRÆCIPIT ſacros Canones, & Concilia Generalia OMNIA, & APOSTOLICAS ſanctiones-- EXACTE ab OMNIBUS obſervari DEBERE. Ibid.

ſacrés

sacrés Canons, Tous les Conciles Generaux, toutes les Constitutions des Papes qui sont en faveur des Ecclesiastiques, & des immunités de l'Eglise, soient exactement observés, & declare qu'ils le doivent estre comme (g) LES COMMANDEMENS DE DIEU; Enfin non content d'exhorter l'EMPEREUR, les ROYS & les PRINCES, à les observer, il les y oblige. Mais ce Concile va plus loin; Car il (h) exige des Ecclesiastiques, & de plusieurs autres dont nous parlerons presentement, une (i) PROMESSE, un SERMENT, & un VOEU de croire fermement & sans aucun doubte, tous les Canons & tous les Conciles susmentionnes & sur tout *les Decrets des Peres du Concile de Trente.* Par ce qui vient d'estre dit, il est ce me semble evident que selon la Doctrine reçeue dans l'Eglise de *Rome,* & selon les principes (k) qu'elle approuve, il n'y a point *de Roys,* point de *Princes,* point de *Parlemens,* en un mot point de SECULIERS quelques grands & quelques eminents qu'ils soyent, qui sans une permission expresse du Pape obtenue auparavant puissent mettre la moindre Taxe sur les Ecclesiastiques, pas mesme dans les plus grandes necessités de l'Estat, & lors que les personnes Seculieres sont dans une impuissance absolue: Aprés cela Jugés si cette doctrine estant creüe & ap-

---

(g) *Tanquam* DEI PRÆCEPTA. Ibid.

(h) Concil. Trident. in formâ Professionis fidei, in Calce Sess. 25.

(i) *Promitto, voveo, juro.* Ibid.

(k) Cette doctrine de l'Exemption des personnes ecclesiastiques, de toutes Taxes, &c. est si chere à *Rome,* que l'Index expurgatoire du Pape *Alexandre* 7. Edit. Romæ 1667. p. 8. porte ces paroles —*Expurgandæ sunt* OMNES *Propositiones contra libertatem, Immunitatem, & Jurisdictionem Ecclesiasticam.*

approuvée n'eft pas tout à fait dangereufe & tout à fait pernicieufe principalement aux Princes Proteftans. Ce n'eft pourtant pas encore tout. Car,

4. Les Principes approuvés & *receus* par les *Papiftes*, non feulement les exemptent de prefter le *Serment de Fidelité*, & de *Supremacie*, & exemptent en mefme temps leurs biens, (j'entends ceux du Clergé) de toute forte *de Taxes*, à moins que le Pape n'y confente ; mais outre cela ils protegent *les perfonnes* des Ecclefiaftiques & *quelques grands que foient leurs crimes*, les mettent à couvert des peines que leur pourroient infliger les Roys, ou les Cours, ou les Magiftrats Seculiers qui felon ces Principes, de quelque Eftat ou de quelque dignité qu'ils foient, n'ofent rien entreprendre contre le Clergé. C'eft une verité manifefte & generallement reconnue, & qui n'auroit pas befoin de preuves, n'eftoit que ceux qui paroiffent fi refolus lors qu'il s'agit de *croire ces Principes Seditieux*, ont affés d'Impudence pour nier qu'il les croyent, lors qu'ils voyent qu'il eft de leur intereft de ne le pas advouer. Ainfi comme il y a quelques Papiftes qui nient, que leur Eglife recognoiffe ces Principes, je tacherai d'en apporter des preuves fi evidentes & fi authentiques, que je me flatte qu'elles vous fatisferont, & qu'elles convaincront nos adverfaires de la verité de cette propofition que j'ay advancée : Mais pour cet effet il faut qu'ils puiffent & qu'ils veuillent en juger fans paffion : les Preuves que je veux apporter feront des tefmoignages clairs & evidens, tirés de leurs autheurs les plus favans & les plus eminens, & de leur droit Canon reçeu & approuvé dans & par leur Eglife, par les Decretales de leurs Papes, & par leurs propres Conciles Generaux.

1. Donc un eminent (a) Cafuifte nous dit, que TOUS LES MAGISTRATS, *quels qu'ils foient*, (fans en excepter les Roys & les Princes) *qui interviennent en*

(a) *Excommunicantur* QUICUNQUE *Magiftratus, qui contra* PERSONAS ECCLESASTICAS *fe interponunt, in* QUACUNQUE *caufa criminali, five*

Juge-

HOMICIDII, sive LÆSÆ MAFESTATIS. Filliucius Moral. Quæstion. tractatu 16. cap. 11. Sect. 307, 309.

(b) Can. *Si quis suadente* 29. Cauf. 17. Quæst. 4.

(c) Concil. Lateran. 2. sub Innocentio 2. Can. 15.

Jugement contre les personnes ecclesiastiques, en *QUELQUE CAUSE CRIMINELLE* que ce soit, *HOMICIDE,* ou *LESE MAFESTE,* doivent estre Excommuniés : Et il prouve cela par le *Droit* (b) *Canon,* & par la constitution du Pape *Innocent* 2. dans un (c) Concile General reconnu & approuvé par *Rome.*

2. Nous avons un Canon d'un Concile tenu à *Paris,* inseré dans le corps du Droit Canon, publié par l'authorité de *Gregoire* IX. qui determine ainsi cette affaire.

(d) Cap. *Nullus Judicum* 2. Extra *de Foro competenti. Judex SECULARIS, Si Clericum per se distrinxit, vel condemnat, excommunicari debet.* C'est là l'argument du Chapitre; dans lequel il est expliqué & exprimé plus pleinement.

(d) *AUCUN JUGE SECULIER ne peut arrester ou condamner UN ECCLESIASTIQUE, sans la PERMISSION du PAPE; & s'il le fait, il est excommunié, & demeure sous l'excommunication, jusques à ce qu'il recognoisse sa faute & qu'il la repare.* Cette doctrine Seditieuse des Papistes est, comme vous voyés, establié par le *Concile de Paris,* par le *Concile General de Latran,* & par trois Papes, Innocent 2. Gregoire 9. & (e) Gregoire 13. & ainsi elle doit necessairement estre reconnue pour *Doctrine de l'Eglise Romaine* : Car c'est une loy parmi eux, (f) *qu'il ne doit estre permis à PERSONNE de JUGER ou de RETRACTER aucune Ordonnance d'un Pape :* Et leur Droit Canon dit de plus, (g) *Que TOUS les decrets des*

(e) Dans sa Bulle qui approuve & qui confirme le Droit Canon dat. *Romæ* 1. *Jul.* 1580.

(f) *NEMINI permissum de eo quod PAPA STATUIT JUDICARE, vel sententiam ejus retractare,* comme dit le Pape *Nicolas,* in Gratian. Can. *Nemini* 3. Cauf. 17. Quæst. 4.

(g) *Omnes sanctiones Apo-*

des

des Papes doivent estre IR-REFRAGABLEMENT observés; & cela d'une maniere aussi ample & accompagnée d'aussi peu de doubtes, que si St. Pierre les avoit luy mesme confirmés de sa propre bouche; & *Gratian* cite pour cela le Pape *Agathon.*

3. Mais de plus *on Anathematise & Excommunie* (h) *solemnellement à Rome une fois l'an, Tous les Magistrats Seculiers, qui citent les personnes Ecclesiastiques devant leurs Tribunaux, Cours, Chancelleries, Conseils, Parlemens; & les molestent en aucune maniere directement ou indirectement.* Et il n'y a que 6 ou 7 ans que le Pape *Clement* 10. excommunia

stolicæ sedis Irrefragabiliter sunt observandæ, C'est là le tiltre ou l'argument du Canon suivant, *Sic omnes Apostolicæ sedis sanctiones accipiendæ sunt tanquam ipsius DIVINI PETRI VOCE FIRMATÆ.* Can. *Sic omnes* 2. Dist. 19.

(h) *Qui personas Ecclesiasticas ad suum Tribunal, audientiam, Cancellariam, PARLIAMENTUM, Concilium,* &c. *trahant aut trahi faciant,* &c. *directè vel indirectè Carcerando vel molestando,* &c. Vid. Bullam *Clementis* Papæ 10. dat. Romæ 3 *April.* 1671. In Bullario Rom. Lugd. 1673 Tom. 5. p. 530. Sect. 14, 15, 16

solemnellement *tous les Magistrats Seculiers, & toutes les Cours,* mesme *les Parlemens qui troubleroient en aucune maniere le Clergé, ou pretendroient punir les Ecclesiastiques, ou prendre cognoissance de leurs crimes:* Desorteque selon cette doctrine Papiste, sa Majesté Britannique, son grand Conseil, (le Parlement) Et toutes les Cours de *Westmunster,* sont actuellement & presentement sous l'Excommunication; & cet Anatheme sera continué & renouvellé tous les ans avec autant d'Impieté que de solemnité, jusques à ce qu'ils soient devenus Papistes & Esclaves du Pape: Mais j'espere que ce jour malheureux & maudit ne viendra jamais: Car jamais il ne peut tomber sur cette Nation une malediction plus epouvantable, que celle qui luy procureroit l'absolution du Pape, & feroit casser l'Anatheme qu'il à lancé contr'elle.

4. En un mot le *Concile* (i) *de Trente* soutient hautement

(i) *Causæ graviores Cri-*
cette

minales contra Episcopos, ab ipso TANTUM Rom. Pontifice cognoscantur, ac terminentur: & minores in Concilio TANTUM provinciali cognoscantur & terminentur. Concil. Trident. Sess. 24. De Reformat. Cap. 5. Et Sess. 13.de Reformat. cap 8.

(a) Et tous leurs ecclesiastiques promettent, voüent, & jurent de professer & de croire fermement tout ce qui est declaré par les Canons touchant ces exemptions, *OMNIA à Sacris Canonibus & Oecumenicis Conciliis, & præcipué à Sanctâ Synodo Tridentinâ definita indubitanter recipere & profiteri spondeo, VOVEO, JURO.* In formâ Juramenti Professionis fidei in Bullâ Pii Papæ 4. in calce Sess. 25. Conc. Trident.

cette doctrine impie & erroneé de l'Exemption de leur Clergé, & de leurs Ecclesiastiques, de la jurisdiction de toutes les puissances Seculieres *Les Crimes les plus enormes des Evesques* disent les Peres de ce Concile, au lieu que je viens (a) de citer ne peuvent estre examinés & punis que PAR LE PAPE SEULEMENT, & leurs moindres Crimes ne peuvent l'estre que DANS UN CONCILE PROVINCIAL SEULEMENT, c'est à dire dans une assemblée d'Evesques. Il n'y a point de Juge, point de Tribunal Seculier, quelques grands qu'ils puissent estre, non pas mesme les Roys & les Parlemens, qui se doivent ingerer dans ces affaires Ecclesiastiques : Ceux cy peuvent pecher en seureté, & n'ont point de sujet de craindre la severité des Loix, ni les chastimens qui leur pourroient estre infligés par les puissances seculieres. Que l'on juge à present si cela n'est pas & dangereux & pernicieux aux Princes Temporels. Il est constant que selon ces principes de *Rome,* le Clergé craindra, & obeira bien plus tost au Pape qui le peut punir, qu'il ne craindra son Prince naturel qui est hors d'estat de le faire. Mais ce n'est pas tout, & pour en passer plusieurs autres sous silence, il y a encore un Principe pernicieux dont nous n'avons pas encore parlé, qui prive & depouille absolument les Roys & les Princes de leur authorité Royale à l'Egard du Clergé. Car,

5. C'est une doctrine constamment approuvée & receüe à *Rome,* quoy qu'elle soit visiblement Impie & Seditieuse,

Que

Que le Clergé & les Ecclesiastiques NE SONT POINT SUJETS DES ROYS. Si cela *n'est pas vray* comme assurément il ne l'est pas ; Il s'ensuit donc que les *Canons Papistes* sont *erronées,* (comme vous l'allés voir presentement) Donc leurs *Conciles Generaux & leurs Papes,* bien loin d'estre *Infaillibles* sont *actuellement &* manifestement faux : Car comme il paroitra par les tesmoignages suivans, leur *Droit Canon,* leurs *Conciles* (mesme les *Generaux*) & leurs *Papes* dans leurs *Decretales ont,* autant qu'il leur a esté possible, *approuvé, reçeu, establi & confirmé par leur authorité ce Principe seditieux.* Mais d'un autre costé s'ils approuvent ce Principe, s'ils le recognoissent pour veritable. (comme ils le font perpetuellement) Donc ils approuvent une doctrine qui est non seulement dangereuse, mais qui est mesme pernicieuse aux Princes ; une Doctrine qui dethrosne & qui degrade ces Roys, du moins à l'egard de tout le Clergé, & de tous les Ecclesiastiques : Car si ces Ecclesiastiques ne sont Sujets d'aucun Prince Seculier il s'ensuit visiblement qu'aucun Prince Seculier ne peut estre leur Roy ; estant impossible de supposer qu'un homme pust estre leur Roy sans qu'ils fussent ses Sujets. Et quoy que ce Principe soit deja epouvantable, estant faux & Seditieux, contraire aux Lumieres de la Nature, & à celles de l'Escriture, de la Raison, & de la Revelation ; ce n'est pourtant pas encore tout : Car non seulement ils disent, Que LES ECCLESIASTIQUES NE SONT POINT SUJETS DES ROYS : mais ce est qui encore & plus faux & moins raisonnable ils disent positivement, que LES ECCLESIASTIQUES SONT AU DESSUS DU ROY, & qu'IL EST LEUR SUJET. Afin de faire paroitre plus clairement que ces deux propositions sont approuvées & generallement receües par l'Eglise de *Rome.* il ne faut que considerer exactement les tesmoignages suivans.

1. Dans le corps du *Droit Canon,* dans les *Editions* (b) les plus *Correctes,* & qui comme

(b) *Emendatum, CORRECTUM, recognitum &* telles

APPROBATUM. Ita in Bulla Gregorii 13. data Romæ 1580. Juri Canonico præfixa.

(c) *Imperium non PRÆEST Sacerdotio, sed SUBEST.* Lemma ad cap. *Solicitæ* 6. Extra de Major. & Obed.

(d) *Episcopus NON DEBET SUBESSE PRINCIPIBUS, sed PRÆESSE.* Ibid.

(e) *Hoc dicit Innocentius* 3. *& est multum ALLEGABILE.* Ibid.

(f) *Præcellit Imperator illos DUNTAXAT qui ab eo recipiunt Temporalia--- super bonos & malos gladii accepit potestatem Imperator, sed in eos SOLUM MODO qui utentes gladio, sunt ejus jurisdictioni commissi---De Sacerdotali prosapiâ dictum est, non DE REGIA STIRPE, Constitui te super gentes, & REGNA, ut EVELLAS, DISSIPES, &c.* dicto cap. *solicitæ* 6. Extra de Major. & Obed.

(g) Corpus Juris Canon. Paris. 1520. Antverp. 1570.

(h) Paris. 1612, & 1618. Lyon 1661.

(i) Panormit. ad dict. cap. *solicitæ* 6. Edit. 1509. Lugd.

(k) Laurentius de Flisco Episcopus Brumatensis.

(l) *Imperium subest Sacerdotio, & ei OBEDIRE TENETUR.* 2. *Clericus NUL-*

telles ont esté publiées par l'authorité de *Gregoire* 13, nous trouvons ces paroles, (c) *L'EMPIRE N'EST PAS SUPERIEUR, MAIS SUJET A LA PRESTRISE.* Il. suit immediatement aprés, (d) *L'EVEQUE NE DOIT PAS ESTRE SUJET AUX PRINCES, MAIS il leur doit estre SUPERIEUR:* Et afin que tout le Monde prenne cognoissance de cette doctrine, ces paroles y sont adjoutées (e) Le *Pape Innocent* 3. dit cecy, *qui est tout à fait PROPRE A ESTRE ALLEGUE,* (pour l'authorité Souveraine du Pape s'entend.) En effet le Pape *Innocent* le dit dans cette Epistre (f) *Decretale* ou il en dit encore bien plus: quelques unes de ces paroles se trouvent à la Marge: Et tout cela se trouve dans les Editions approuvées de leur Droit Canon, tant anciennes (g) que *nouvelles*(h). *Panormitan* leur grand Canoniste est encore plus (i) *positif* & plus *formel* sur ce sujet: la somme de ce qu'il dit (comme nous en asseure l'autheur des (k) sommaires mis à la teste de ce chapitre) est celle cy. (l) 1. Que l'Empereur est *SOUMIS AU PRESTRE, & est TENU DE*

DE LVY OBEIR. 2. *Que le Clergé N'est en AU-CVNE MANIERE SOU-MIS aux Seculiers,* (pas mesme au Roy) *Si ce n'est pour quelques fiefs Seculiers qu'il tient d'eux.* 3. *Que le CLERGE est de DROIT DIVIN EXEMPT de la JVRISDICTION des SECV-LIERS.* Et ce n'est pas une chose estrange, *QVE LA PVISSANCE IMPERIALE PONTIFICALE,* puisque selon leur *Droit Canon* (*a*), (dans la Decretale du Pape *Innocent* 3.) selon l'autheur de la (*b*) *glosse* & les (*c*) additions qui y ont esté faites, *La Puissance du Pape est plus grande que celle de l'Empereur autant que le SOLEIL est plus grand que la LVNE,*

LO MODO subest LAICO, nisi ratione feudi ab eo habiti. 3. *Clerici sunt EXEM-PTI à Jurisdictione Laicorum, JVRE DIVINO.*

doive estre assujettie à la

(a) Cap. Solicitæ 6.extra de Major. & Obed.

(b) Bernardus de Botano Canonicus Bononiensis in glossa ad verbum Inter Solem. Ibid.

(c) Laurentius in addition. ad Glossam.

comme l'assure un Pape luy mesme. 2. La Glosse dit *que la puissance du Pape est* 47 *fois plus grande que celle de l'Empereur;* Mais cette Arithmetique n'est pas tout à fait juste, & il y a selon l'Addition à cette Glose une lour-de meprise, sans cette supputation. Car l'Ad-dition nous dit, dans les meilleures Editions (*d*) du Droit Canon, que le Soleil estant selon *Ptolemée* 7744

(d) Vide corpus Juris Canon.cum Glossis.Paris.1612

fois plus grand que la Lune; la *puissance Pontificale est par consequent* 7744 *fois plus grande que la puissance* Imperiale; Ainsi il est hors de doute, que dans l'opinion de ceux qui croyent tout cecy l'Empereur & les Roys bien loin d'estre en aucune maniere au dessus du Pape, sont ses Sujets & ses vassaux.

2. Le Pape *Martin V.* cite la Decretale du Pape *Innocent III.* en explique plus claire-ment le sens, l'approuve (*e*) & la confirme, & ces deux Decretales sont à present

(e) Cap ad reprimendas 3. De foro competenti, in 7 edit Juris Can.Lugd. 1661.

rappor-

rapportées dans leur Droit Canon, dans lequel celle du Pape *Martin* ne se trouvoit pas auparavant. l'Argument ou le Tiltre du Chapitre, que j'ay cité est celuy cy (f) ----*Les Seculiers n'ont POINT DE POUVOIR SUR LE CLERGE.* Et la Decretale elle mesme, (g) porte, *Que les Seculiers N'ont POINT d'AUTHORITE sur le Clergé, ni sur les PERSONNES ECCLESIASTIQUES, ni sur leurs BIENS.* Le Pape *Urbain VI.* employe les mesmes (h) paroles, les approuve & les confirme par son authorité Pontificale, & declare *Que tous les Seculiers de quelque* (i) *qualité eminente* qu'ils puissent estre, qui usurpent *quelque jurisdiction sur les Ecclesiastiques,* (k) *sont des Sacrileges* ; & c'est comme tels qu'il les excommunie, & tous ceux qui les assistent, les protegent, & ou les deffendent.

(f) *Laicis in Clericos NULLA POTESTAS, &c.* Lemma ad dictam cap.

(g) *Non attendentes quod LAICIS in CLERICOS, ECCLESIASTICAS personas, aut eorum BONA, NULLA sit attributa POTESTAS.* Ibid. cap. dicto.

(h) Cap. *quia* 2. de *Foro Competenti* in 7.

(i) *Cujuscunque præeminentiæ, dignitatis, status, aut conditionis existant.* Ibid.

(k) *Principes, Marchiones, Ducces, &c. non possunt sine culpâ SACRILEGII Clericos bannire aut relegare.* Ibid.

2. Le Cardinal *Cajetan,* qui, veu sa Science, & le rang eminent qu'il tenoit dans l'Eglise, ne pouvoit pas *ignorer quelles opinions & quelles maximes estoient approuvées à Rome,* nous dit (l) *Que les personnes de TOUS LES ECCLESIASTIQUES sont SACREES, jusques là qu'ils ne PEUVENT ESTRE SOUMIS à aucune PUISSANCE SECULIERE.*

(l) *Persona CUJUSLIBET CLERICI est SANCTA quoad hoc, quod NON POTEST SUBJICI POTESTATI SECULARI, & is qui contrarium faciat, SACRILEGUS est.* Cajetan in

Aquinat. 2. 2. Quæst 99. Art. 3. Sect. ad 5. cubium. Et beaucoup plus sur ce sujet dans ces 2 Tiltres, 1. de foro competenti, & 2. De Invasoribus bonorum Ecclesiæ in 7 Decretalium.

4. Mesme

4. Mesme toute une savante Societé nous assure de la verité de ces trois Propositions, 1. *Que les* (m) *ROYS n'ont point d'AUTHORITE COACTIVE sur les ECCLESIASTIQUES. Que les ECCLESIASTIQUES ne peuvent estre poursuivis ni recherches pour aucune chose, sinon devant leur Superieur ECCLESIASTIQUE* 3. *Que l' EXEMPTION du Clergé est d' UN CONSENTEMENT UNIVERSEL* (c'est à dire du Consentement de tous les Papistes) *de DROIT DIVIN: de sorte qu'ils ne peuvent estre JUGés ni PUNIS par aucune* PUISSANCE SECULIERE, *non pas mesme par une Puissance SOUVERAINE.* Et icy je vous prie de faire reflexion sur ce que le College de *Bologne* advance que les Ecclesiastiques Seculiers & Reguliers, sont au sentiment de TOUS LES CATHOLIQUES ROMAINS de DROIT DIVIN (*) exempts de la Jurisdiction de toutes les PUISSANCES SECULIERES, mesme des SOUVERAINES; enforte qu'ils *ne peuvent estre ni Jugés ni punis.* D'ou il sensuit evidemment 1. Que les Ecclesiastiques Papistes en quelque lieu qui'ls soient, principalement en *Angleterre* & dans les Royaumes *Protestans, ne sont point Sujets du Roy sur les terre duquel ils vivent,* parce que par la *Loy de Dieu,* ils sont

(m) 1. *Reges non habent potestatem coactivam in Ecclesiasticos.* 2. *Ecclesiastici non possunt conveniri, nisi coram superiori suo Ecclesiastico* 3. *EXEMTIO CLERICORUM est ex OMNIUM SENTENTIA de JURE DIVINO, ita ut, à Potestatibus Secularibus ETIAM SUPREMIS judicari aut condemnari nequeant.* Vide Collegii Bononiensis Responsum pro Libertate Ecclesiæ Bonon. 1607. Sect. 21, 46. &c.

(*) Vid. cap. *Et quia* 4. extra *de foro competenti* in 7. ou l'argument ou le Titre porte ainsi--- *Constitutiones editæ contra Principes Seculares, Jurisdictionis Ecclesiasticæ libertatem impedientes, Innovantur.* Et dans le Chapitre il est declaré, 1. *Quod Laicis in Clericos, & personas Ecclesiasticas, & bona ecclesiastica, non est attributa potestas.* 2. Il suit aprés---- REGES, DUCES, MARCHIONES, *&c.* in virtute Sanctæ OBEDI-

exempts

ENTIÆ MANDANTES *ut ipsi constitutiones præ-dictas observent---- Si Dei offensam, & SEDIS APOSTOLICÆ vitare voluerint ULTIONEM:* Les Roys nedoivent point entreprendre sur les personnes Ecclesiastiques : s'ils le font, ils offensent Dieu & seront punis par le Pape, c'est à dire ils seront excommuniés comme le dit le Pape, & son Concile de *Latran,* cap. 2 de *Invasor. & occup. Bon. Ecclesiæ in* 7. *Decretalium.*

exempts *de toute Jurisdiction Seculiere* ; puisque c'est une contradiction que de dire, qu'un Prince soit le Roy des personnes sur lesquelles il n'a point de Jurisdiction. 2. Il s'ensuit *que cette doctrine, & cette opinion impie & Seditieuse* n'est pas l'opinion de *quelques personnes particulieres,* mais que c'est celle de TOUS LES CATHOLIQUES ROMAINS ; & par consequent celle de l'Eglise de *Rome* : Et ainsi selon leur propre confession, leur Eglise est *coupable* du crime d'approuver & de souftenir ces *Principes dangereux & Pernicieux à tous les Roys, & sur tout aux Roys Protestans.*

5. Mais pour prouver cette verité, c'est à dire pour faire voir, que *Rome* approuve & souftient cette Doctrine pernicieuse & erronée, *Que les Ecclesiastiques de sa communion ne font pas Sujets des Roys* sous lesquels ils vivent ; je vous rapporterai des témoignages qui confirmeront plus Authentiquement que ne le fait celuy de College de *Bologne* la verité de ce que j'ay advancé :

(a) Index expurgatorius Hispanicus Madriti ann. 1667. in Johanne Chrysostomo p. 703.
(b) Index expurg. Lusitan. Olysip. 1624. p. 753.
(c) Edit. Basil. 1558.
(d) *Sacerdotes etiam Principibus Jure Divino subditi.*

Car les Inquisiteurs d'*Espagne* (a), & *de Portugal* (b), &c. trouvans dans l'Index de *Chrysostome* (c) des paroles qui exprimoient cette proposition, (d) LES PRESTRES PAR LA LOY DE DIEU SONT SOUMIS AUX PRINCES ; & cognoissans que cette doctrine estoit incompatible avec celle de l'Exemption du Clergé, *comdamnent* cette proposition, & commandent de l'effacer : *Deleantur verba illa,* disent ils, quoyque *Chrysostome dise la mesme chose*

chofe dans l'endroit auquel l'Index renvoye. Or il eſt
conſtant que ceux qui condamnent comme erronée cette
Propoſition, LES PRESTRES *ſont ſoumis aux Princes
par la Loy de Dieu,* doivent neceſſairement ſouſtenir &
approuver celle qui luy eſt contraire. *Que les Preſtres,
par la loy de Dieu,* NE SONT POINT *ſoumis aux Princes,* ce qui eſt juſtement cette opinion Seditieuſe, que
nous attribuons avec raiſon l'Egliſe de *Rome.*

6. POUR CONCLURE, les principales Authorités que
j'ay apportées pour prouver que cette Doctrine, & les
precedentes ſont veritablement des Dogmes de l'Egliſe
Romaine, ont eſté 1. *Celles de leur Droit, & de
leurs Loix, approuvées, receües, & eſtablies par l'authorité de leur Egliſe :* 2. *Celles des Bulles, des Decretales,
& des Conſtitutions de leurs Papes ;* 3. *Celles des Canons
de leurs Conciles Generaux, Provinciaux, ou Nationnaux ;
Qui ſont tous approuvés, renouvellés, & confirmés* en
termes formels par leur *Con-
cile* (e) *de Trente,* comme
nous l'avons dit cy deſſus :
Et tout leur Clergé (f) *Seculier :* tous ceux qui ont *quelque charge d'Ames, les Chefs*
de leurs *Ordres :* (g) *tous
les Gradués, les Profeſſeurs,
& les Lecteurs de leurs Uni-
verſités ;* (h) *tous les Med-
cins, &c. Jurent* (i) *ſolemnellement d'approuver, de recevoir, de croire, & de profeſſer
ſans aucuns doutes les Canons,
& ces Conſtitutions des Papes ;
d'Anathematiſer, de rejetter,
& de maudire toutes les Opinions contraires ; de tacher
(autant qu'il ſera en eux)
de faire recevoir ces Canons &
ces Conſtitutions à tous ceux
qui ſont ſous leur charge :* &

(e) Concil. Trid. Seſſ. 25.
de Reform. cap. 20. *Præcipit ſancta Synodus, ſacros*
CANONES, *& Concilia
Generalia* OMNIA, *nec
non alias* APOSTOLI-
CAS SANCTIONES, *in
favorem Eccleſiaſticarum
perſonarum & libertatis eccle-
ſiaſticæ, & contra ejus
violatores editos, quæ* OM-
NIA *præſenti Decreto* IN-
NOVAT, EXACTE *ab*
OMNIBUS *obſervari de-
bere.*

(f) Vid. Bull. Pii 4. ſuper
forma Juramenti Profeſſionis Fidei in Calce Seſſ. 25.
Concil. Trident. dat. *Romæ
Id. Nov.* 1564.

(g) Vid. Bullam Pii 4. extra
de *Magiſtris & Doctoribus,*
cap. *in Sacroſancta.* 2. in Sept.

K 2   *de*

(h) Vid. Bull. Pii Papæ 5. extra *de Medicis*, cap. supra Gregem 1 Decret. 7.

(i) Vid. dictam Pii 4. Bullam super forma Juramenti Profess. fidei ; & Conc. Trident. Sess. 24. de Reform. cap. 12. *Item* OMNIA *à Sacris Canonibus, & Oecumenicis Conciliis, ac præcipuè à Sacrosancta Synodo Trident. definita,* INDUBITANTER *recipio ac profiteor, ac* CONTRARIA OMNIA *rejicio ac Anathematizo, ac à meis subditis, vel illis, quorum cura ad me spectat, teneri, doceri, & prædicari (quantum in me est) curabo.* Verba sunt dictæ Bullæ Pii 4.

de les leur enseigner constamment.

Tout ce que nous avons dit jusques jcy estant consideré exactement & sans passion, Je crois que deux choses s'en ensuivront evidemment :

La Ire. Que les *Doctrines* & les *Opinions,* dont nous avons parlé cy dessus, sont non seulement *dangereuses,* mais mesme *pernicieuses* à toutes les *puissances Souveraines,* sur tout *aux Roys & aux Princes Protestans* ; Et elles le sont encor à l'egard d'un Article que nous avons oublié ; qui est *Que l'on ne doit point garder la foy aux Heretiques* ; Mais que tout *Juge Ecclesiastique* competent *peut condamner & executer les Heretiques.* (ou ceux qui sont *reputés* estre tels) nonobstant *tous les* SAUFCONDUITS qui leur peuvent avoir esté donnés PAR L'EMPEREUR, PAR LES ROYS, *ou par* LES PRINCES SECULIERS, *quoy que confirmés par* SERMENT. Et cette Doctrine impie & pernicieuse aux puissances Souveraines est approuvée, reconnue & professée, non seulement par des *personnes particulieres,* mais par leur Concile (k) General *de Constance,* qui condamna (l) & fit executer *Jerome de Prague,* & *Jean Hus,* non obstant les Passeports

(k) *Quod non obstantibus salvis conductibus* IMPERATORIS, REGUM & SECULI PRINCIPUM, QUOCUNQUE VINCULO SE OBSTRINXERINT, *possit per Judicem competentem, de Heretica pravitate inquiri.* Conc. Const Sess. 19.

(l) Conc Const. Sess. 21. damnatio Hieron. Pragens. Sess. 45. damnatio Joh. Hus.

ports & les faufs-conduits de l'Empereur, fans les quels ils ne fe fuffent jamais trouvés à ce Concile. A quoy nous pouvons adjouter une chofe fur laquelle il eft de l'intereft des Princes Proteftans de faire reflexion; qui eft que les Peres de ce Concile determinent & declarent, *Que tous les Heretiqués, tous ceux qui les deffendent, ou favorifent, &c. de quelque dignité qu'ils foient, (m) Roys, Reines, Ducs, &c.* feront excommuniés & privés de tous leurs biens,& de toutes leurs Dignités Seculieres. C'eft là cette doctrine impie & deteftable confiderées fimplement en elle mefme & dans la Theorie, qu'ils tachent à prefent de mettre en execution en *Angleterre*; comme il paroift manifeftement par cette Confpiration infernale & Diabolique des Papiftes, que la providence mifericordieufe & toute puiffance du Ciel, nous a heureufement fait decouvrir depuis peu. Il eft donc manifefte, que les Principes de l'Eglife de *Rome* font exceffivement dangereux, & qu'ils font tout à fait pernicieux à toutes les puiffances Souveraines, & principalement aux Roys & aux Princes Proteftans.

(m) *OMNES & fingulos Hæreticos, nec non eorum fectatores utriufque fexus, & etiam defendentes eofdem, vel ipfis quomodolibet publicè vel occultè participantes, etiamfi REGALI, REGINALI, DUCALI, aut alia QUAVIS DIGNITATE Ecclefiafticâ, aut mundanâ præfulgeant.---- per excommunicationis & PRIVATIONIS bonorum ac dignitatum fecularium, & alias pœnas etiam per captiones & INCARCERATIONES puniantur,* Conc. Conftant. Seff. 45.

2. Il paroift encore par tout ce que nous avons dit, que les Principes dont nous avons parlé, ne font pas des opinions particulieres, & que peu de gens fuivent. 1. Puifque les Jefuites, les Canoniftes & la plus part des autres efcrivains eminens de cette Eglife, les defendent & les fouftiennent dans leurs livres imprimés *avec permiffion & approbation.* 2. Puifque ces Principes font eftablis par leur *Droit Canon*; c'eft à dire par les Loix que *Rome* approuve & recoit. 3. Puifqu'ils fe trouvent eftablis dans leurs *Decretales authentiques*, & dans les

Con-

Constitutions de leurs Papes. 4. Puisqu'ils sont approuvés & establis dans ces Conciles, qu'ils recognoissent eux mesmes pour *Generaux*; Et enfin, pour abreger, puisque tout leur Clergé & les Ecclesiastiques *qui ont seance dans ces Conciles ont juré de* maintenir *tous ces Canons &* toutes les *Constitutions Papales*; & que ce *Serment* est pris & exigé par l'Authorité & par le Commandement du (*a*) *Concile de Trente,* & du (*b*) *Pape,* qui est reconnu pour leur (*c*) Juge Souverain; & que depuis les Conciles de *Pise,de Constance,& de Basle, Leon X,* & son Concile de *Latran* reconnu pour Concile General, ont declaré estre au *dessus . de tous les Conciles Generaux*; de plus afin que tout le monde cognoisse que cette declaration est une Loy,& qu'elle est obligatoire, elle a *esté inserée* (*d*) *de puis peu dans le corps du Droit Canon.* Or ces choses estant incontestablement vrayes, que leurs Papes & leurs Conciles Generaux, c'est à dire toute l'Authorité de leur Eglise, ont approuvé & reçeu ces principes & ces doctrines, & fait solemnellement jurer à leurs Ecclesiastiques, qu'ils les croiront tousjours, en feront une profession constante & perpetuelle, & obligeront autant qu'il leur sera possible, ceux qui seront sous leur charge à faire la mesme chose ; il s'ensuit manifestement que ces Doctrines sont des Doctrines *Catholiques Romaines,*reconnues & approuvées non seulement par des personnes particulieres de cette communion, mais mesme par tout le corps *de leur Eglise.* Aprés cela si quelcun qui aura compris & consi deré sans passion tout ce que nous avons dit,nie la consequence que j'en tire, Je ne

m'em-

(a) Vid. Concil. Trident. Sess. 24. cap. 12. de Reformat. & Annotat. Joh. Sotealli Theologi, & Horatii Lutii Jurisconsulti,ad caput dictum, in Edit. dicti Concilii *Antverp.* 1596. aliisque nuperis.

(b) In Bulla Pii Papæ 4, super forma Juramenti Professionis Fidei Romæ 1564.

(c)Concil Florent.Decreto 4. apud Longum à Coriolano, p. 886.

(d) Cap. *Pastor* 1. Extra *de Conciliis* in Septimo. & au mesme endroit cap. *sicut* 3. & cap. *benedictus* 4. La mesme doctrine est confirmée par le Pape *Pie* 4.

m'emporteray point à l'accuſer de la derniere Impudence, je diray ſeulement que ſon front eſt fait à la
fatigue, & que rien n'eſt capable de le faire rougir.

Pour Conclure, ſi ce Preſtre, ou ce Gentilhomme Papiſte,
dont vous me parlés, qui nie avec tant d'aſſeurance que
l'Egliſe de *Rome* approuve ces Principes, que je l'accuſe
d'approuver, peut me montrer l'une de ces trois choſes,

Ou que mes Citations ſont fauſſes, ſoit à l'egard des
autheurs, ſoit à l'egard de leurs livres, & que ces
paſſages que j'ay cités ne ſe trouvent pas dans leurs
ouvrages & dans les endroits que j'ay marqués ;

Ou en cas qu'ils ſe trouvent tels que je les ay cités,
& dans les meſmes endroits que j'ay marqués, que j'ay
mal pris leur ſens, & que je ne les ay pas entendus.

Ou enfin en cas que l'on ne me puiſſe faire voir ni l'une
ni l'autre de ces 2 choſes, ſi l'on me peut montrer, que
Rome ait deſadvoüé, par quelque acte ou par quelque
declaration publique, ces principes pernicieux, & les
ait condamnés comme erronées & comme impies, comme ils le ſont en effet ; Je promets de me mettre du
nombre des plus mechans Chreſtiens qu'il y ait au Monde,
je veux dire de me faire Catholique Romain. Mais
je ſuis plus que perſuadé que jamais ce Malheur ne
m'arrivera. Je finis, Monſieur, en vous aſſeurant que je
ſuis

Voſtre, &c.

Avertiſſement.

IL eſt d'une neceſſité abſoliie de corriger les fautes avant que de lire cet ouvrage ; celles que la Negligence d'une perſonne qui s'eſtoit chargée de revoir la 2 & la 3 epreuve de chaque feüille y a laiſſées, rendant le Texte entierement obſcur, pour ne pas dire inintelligible.

Dans le Texte, Page 6. Line 30. *qu'ils peuvent,* p. 10. l. 21. *ainſi ſujets,* p. 34. l. 29. *abſoudre les ſujets,* p. 42. l. 8. *le Pape peut,* p. 47 l. 21. *d'oſer rendre,* p. 59. l. 28. *en l'An* 1215. p. 84. l. 11. *effacés puis,* l. 12. *liſés, quoy que tous,* l. 14. *aulieu de eſtoient* liſés *fuſſent,* p. 88 l. 19. *Henry* 8. p. 94. liſés *& d'Induſtrie.*

Dans les Citations. Pag. 10. l. 17. effacés *Tit* 1. p 12. l. 9. *Tom.* 11. p. 31. l. 17. *Sect* 1. *& Sect.* 11. p. 32. l. 17. 1591. p. 37. l. 7. *deja cité,* là meſme l. 15. Norunt, p 44. l. antepenult. *lib.* 25, p. 48. l. 21. *executée en* 1538, p. 49. l. 3. *Bullam* 19. p. 82. l. 5. 1372.

Il y a en a pluſieurs autres. Mais le *Lecteur* les diſcernera aiſement : & je le prie de me pardonner cette Negligence.